赤ちゃんに転生した話

Presented by

茶々京色

③

CONTENTS

STORY

「赤ちゃん」に転生した撫倉和史は、前世の母親が主任を襲った事実を知る。
転生前の記憶を思い返しながらもすくすくと成長し、寝返りや初めての発語に挑戦することになるが…?

MAIN CHARACTERS

俺は職場で心不全を起こして死んだ挙げ句
母さんが暴れて主任に怪我をさせた…？
最悪
すぎるだろ…
生まれつき心臓に穴が空いていたらしいの
先天性心疾患…

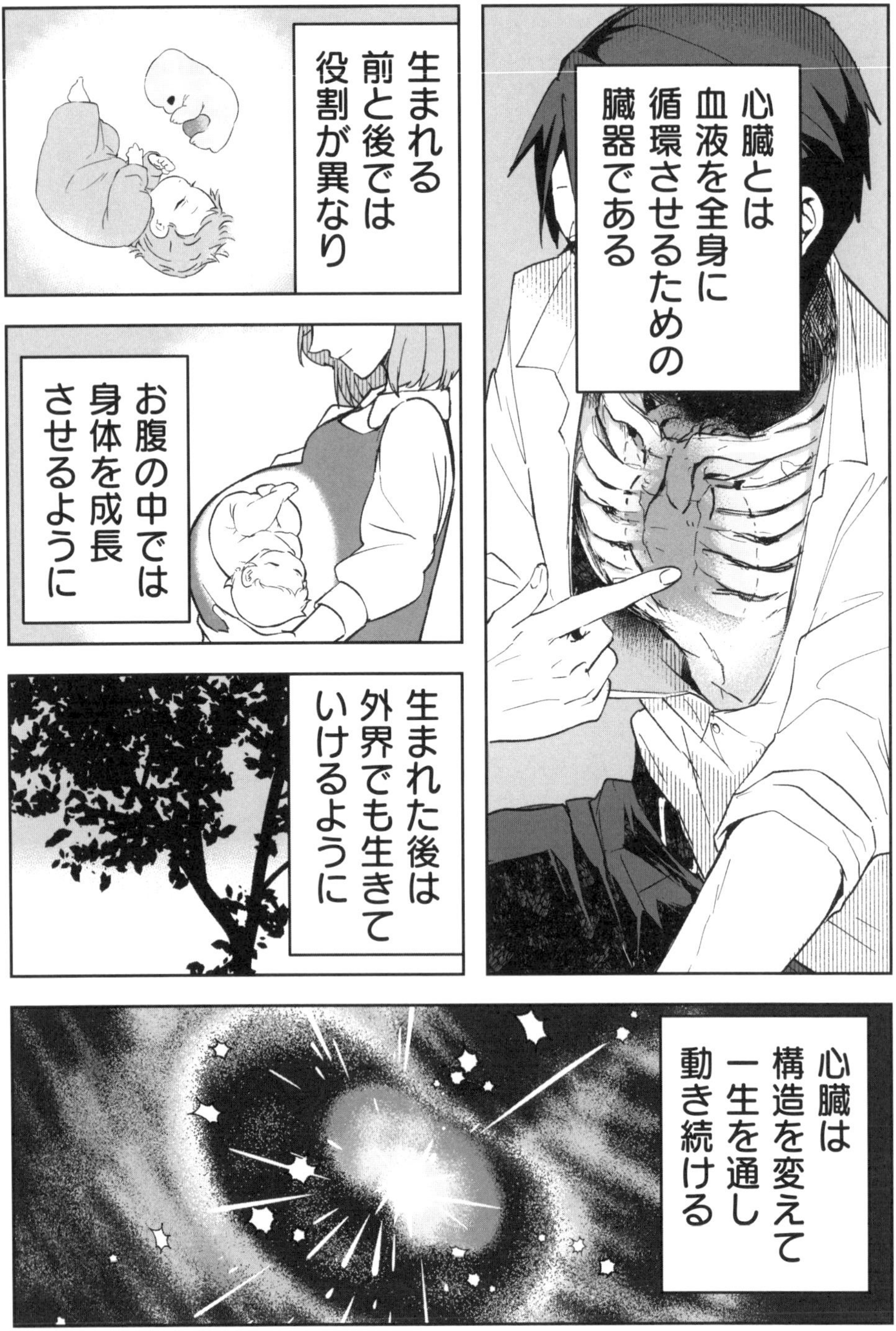
心臓とは血液を全身に循環させるための臓器である
生まれる前と後では役割が異なり
お腹の中では身体を成長させるように
生まれた後は外界でも生きていけるように
心臓は構造を変えて一生を通し動き続ける

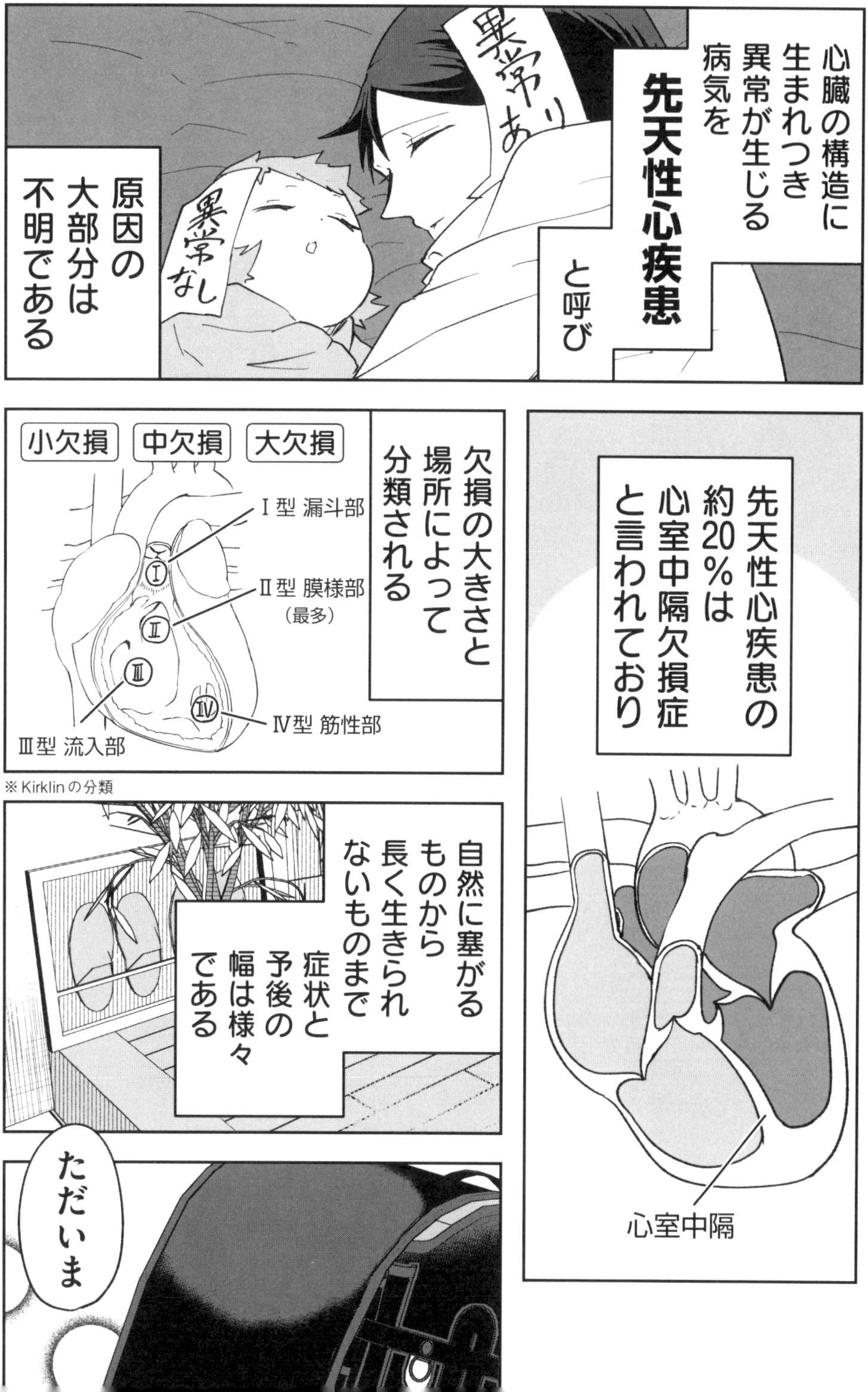
心臓の構造に生まれつき異常が生じる病気を
先天性心疾患
と呼び
異常あり
異常なし
原因の大部分は不明である
先天性心疾患の約20％は心室中隔欠損症と言われており
心室中隔
欠損の大きさと場所によって分類される
小欠損
中欠損
大欠損
Ⅰ型 漏斗部
Ⅱ型 膜様部
（最多）
Ⅲ型 流入部
Ⅳ型 筋性部
※Kirklinの分類
自然に塞がるものから長く生きられないものまで
症状と予後の幅は様々である
ただいま

参考：①医療情報科学研究所．病気がみえる vol．15 小児科．株式会社メディックメディア，第1版，2022．
②国立研究開発法人 国立循環器病研究センター．小児心臓外科 対象疾患・治療法 心室中隔欠損（VSD）．2021．

和史
なに？
学校心臓検診で引っかかってるみたいだけど
何か症状あるの？
胸が痛いとか苦しいとか
えー…別に？
俺の心臓悪いの？
……
そんなことないわよ

赤《あか》転くん

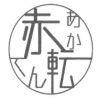

赤ちゃんのまめちしき

心臓って具体的な
イメージが難しいな…
どんな感じ？

和史くん

特別ゲスト

ツナ香。

魚は
1心房1心室

カエルは
2心房1心室

心臓は全身に血液を循環させるポンプですが、
その構造は2心房2心室という特徴があります！
ただのポンプだと、①溜める②送るの
両方の役割が必要なので重労働ですが、
心室と心房で作業分担すると
効率良く血液を循環させられます！

溜。
縮。
ぼっち超絶ブラックやん…
ガチで？
手伝うわ。
シュキッ。
溜める「房」
送り出す
「部屋（室）」
お互いの仕事を邪魔をしない
ように中は弁で仕切られてるよ

このポンプが左右で２組くっついた
臓器が「心臓」です！

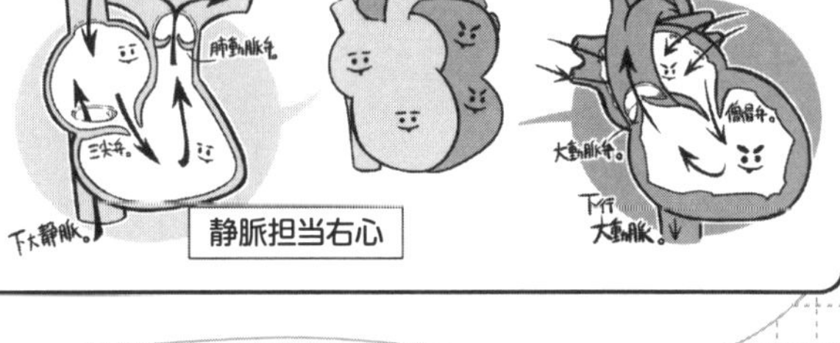
動脈担当左心
上大静脈。
肺動脈弁。
三尖弁。
下大静脈。
静脈担当右心
僧帽弁。
大動脈弁。
下行
大動脈。

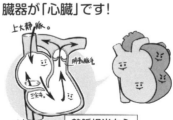

赤ちゃんまめちしき

学校心臓検診ってなに？

和史くん

女神さま

以下を目的とした検診システムです

①心疾患の発見や早期診断をすること
②心疾患をもつ児童生徒に適切な治療を受けさせるように指示すること
③心疾患児に日常生活の適切な指導を行い児童生徒のQOLを高め、生涯を通じてできるだけ健康な生活を送ることができるように児童生徒を援助すること
④心臓突然死を予防すること

1973年の学校保健法施行規則の改正により、定期健康診断として義務づけられました。
小学校、中学校、高校の各1年生が検診の対象になります。

文部科学省、厚生労働省、日本小児循環器学会、日本学校保健会などたくさんの組織が関わっています

参考：日本循環器学会／日本小児循環器学会合同ガイドライン 2016 年版 学校心臓検診のガイドライン.

俺 主任が苦手だった
アイさん！エミちゃんのお写真撮っていーい？
あなたが年上で
母さんと同世代で
厳しい人だったから
でも知識豊富なあなたと一緒に仕事をして
俺は励まされていたんだ

かっこいいと思った
母さんとは違う
だから許せなかった
俺の上司になんてことをしてくれたんだ
死んだ後にまで迷惑をかけたくない…
どうして母さんは俺を支配したがる？
母さんの中の俺って一体いくつだよ

過干渉が迷惑だった
過保護が鬱陶しかった
どうして俺の話を聞いてくれない？
何故 俺を否定する？
怒鳴ったり叩いたりしなくてもいいのに
俺はずっとあんたが恐ろしくて嫌いだったよ
大切にしてくれたのはわかってる
だけど

あんたの愛は苦しい
具合はどう？

こわい…
ううっ
うぅ
ううぅぅ
大丈夫
隣にいるよ
コホン
コホン

ゴホッ
ゴホッ
大丈夫だから！
お薬飲んだしちゃんと良くなるから！
和史はママのだいじだいじ
ママが守ってあげるからね

元気になったらまた一緒に遊ぼうね

和史大好きよ
ああ!
もう本当に!
本っ当に嫌い!!

嫌いなのに!!
はっ
ポロ
感情が
めちゃくちゃだ
ポロ
はっ
はっ

エミちゃん どうしたの？
一応ミルク作った！
写真が嫌だったのかしらぁ
大丈夫ですよ～
俺赤ちゃんじゃん!!
もう気にしなくて良いんだ…
良かった

うわああ
わあん
自力で涙が止められないんだけど!!

ちょっと疲れちゃったのかもです～
わあああん
ゆさ
ゆさ
そうね！お開きにしましょう！
抱っこしておくからアイさん支度して頂戴！
主任さぁ…隙あらば抱っこ要求するじゃん
さっ
さっ
わ～お願いします！
!?
ひょいっ
あああ待って!!
ハラ…
主任との接触は心の準備が必要！

ぎょ、魚拓だ
かわいい…
面白い…
ソワソワ
早く
支度してよぉ
涙のあと
エミちゃん
今日はありがとうね
なで
なで
ニコッ
どきっ♡
「どきっ♡」じゃないよ!!
!?
!?

赤ちゃんまめちしき

生まれつきの心臓病
(先天性心疾患)が、
大人になって初めて
わかることがあるの？

和史くん

特別ゲスト

Dr. しば

あります。
お母さんのお腹の中にいる頃や
赤ちゃんの頃に指摘されるものは
先天性心疾患の一部です。
自覚症状が出現しないものや、
ゆっくり悪化して大人になってから
症状が出現するものがあります。
心疾患による症状は心雑音や
胸痛のようにわかりやすいものから、
体重増加不良、体のむくみ、
疲れやすさなど一見心臓と
関係なさそうなものまで様々です。
先天性心疾患にはある時病状が
急激に悪化して、
致命的になるものもあります。
子どもも大人も定期的な健診は
受けるようにしましょう。

赤ちゃんまめちしき

感情的に泣いちゃった…。
今後は抱っこ癖とかに
気を付けた方が良いかな？

エミちゃん

女神さま

涙には3種類あると言われています。

①基礎的な涙（目のゴミを洗い流す）
②反射性の涙（玉ねぎなどの刺激）
③感情の涙（一定の感情状態で生じる）

生まれたばかりの頃は快、不快の
興奮が生後2～3ヵ月頃になると
喜びや悲しみなどの情動に分化
していくと考えられています。
つまり、赤ちゃんも感情が高まって
泣きます。泣きとはアタッチメント
行動としても挙げられ、抱っこに
「安全であるという感覚（felt security）」
を得て情動調整を学んでいくため、
抱っこ癖の心配は無用です。

※アタッチメント（attachment）：危機や恐れ、不安の情動が強く喚起された時に、
特定の他個体と近接して安全の感覚を回復、維持しようとする行為の傾向。

参考：①中山博子. 乳児期における泣きの縦断的研究：－コミュニケーションの観点から－.
聖心女子大学大学院文学研究科・人間科学専攻　博士学位論文,2015.
②遠藤利彦. 入門 アタッチメント理論 臨床・実践への架け橋. 日本評論社,2021.

4ヵ月目の予防接種
ミルクやうんちで困った様子はあるかな?
毎日いっぱい飲んで出してます!
最悪だ 勝手に排便報告される辱《はずかし》めを受けた
?
ぐぐ
ぐぐ
!?
ポ
ウッ
指が光った!?
手品だ! 何だそれ すっっっご!!
オオオ

フッ
すんっ
スッ
ぎゅっ
はわわわわ
すごいいい
!!
ポウッ
何がすごいって
とにかく
スムーズ!
んふふふ
単純に
その技術が
すごい!
シュッ
ポッ

小児科医すごい!
前世では関わりなかったけどエンターティ
ブスゥッ
痛ったあああああ
太ももに注射打つのは良いとしてなんで内ももに打ったんだ!!
外ももでいいじゃないか!!
皮膚薄いじゃん! 痛いよ!?
本当にこの子我慢強いよね

参考：岡部信彦ら，予防接種に関するQ＆A集，19版，日本ワクチン産業協会，2019，p68．

※インフォームドコンセント…患者の知る権利、自己決定権、自律の原則を尊重する説明行為

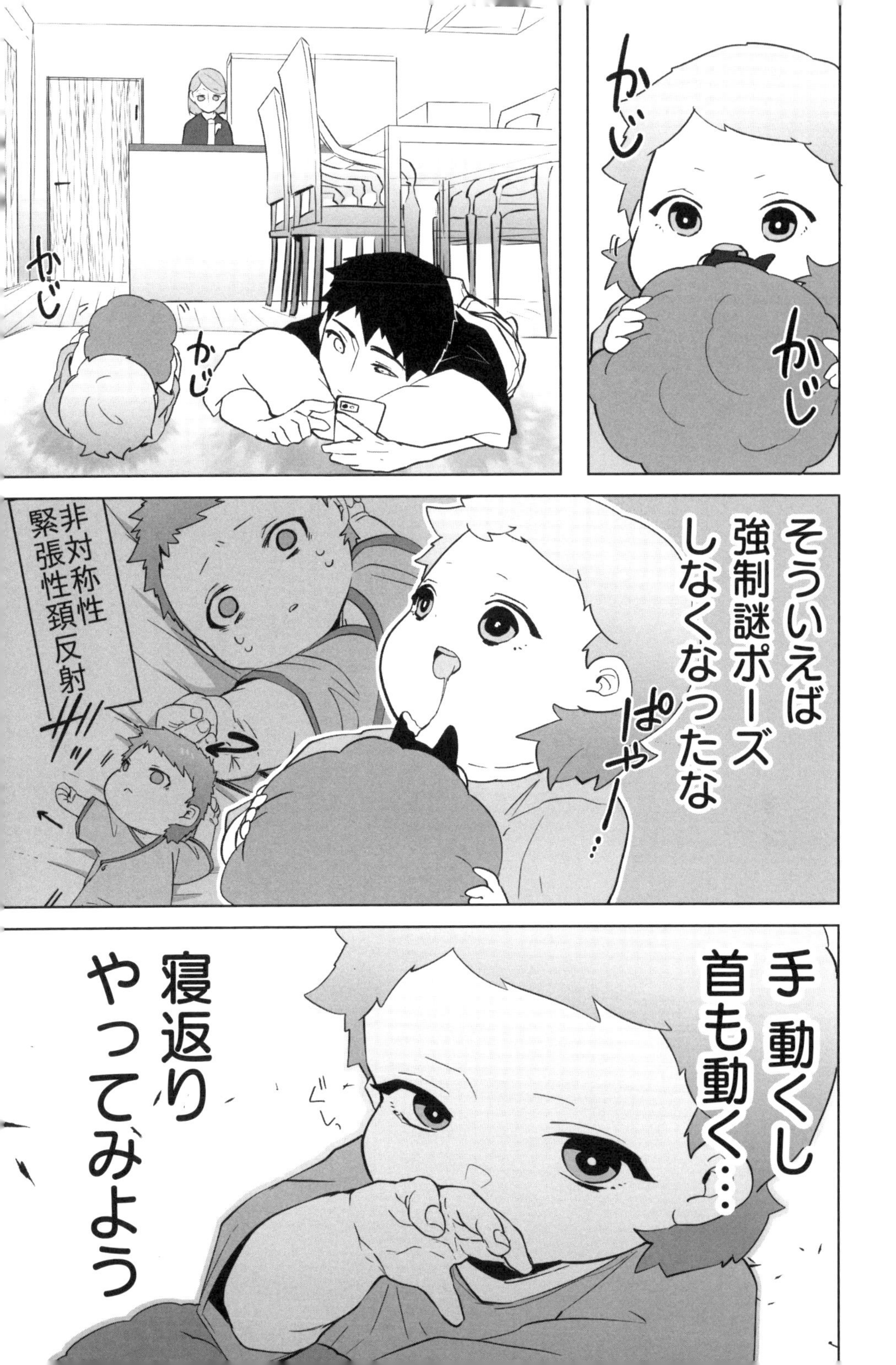
かじ
かじ
かじ
かじ
そういえば強制謎ポーズしなくなったな
ぱやー…
非対称性緊張性頸反射
手動くし首も動く…
ぐしっ
寝返りやってみよう

脚が軽いから浮いてしまいバランスが悪い
でも 前とは違う!!
グ
肘を曲げて体重を乗せていられる!!
肩甲骨《けんこうこつ》が追ってきてくれる!!
身体を一つの剛体《ごうたい》としてコントロールできる!!

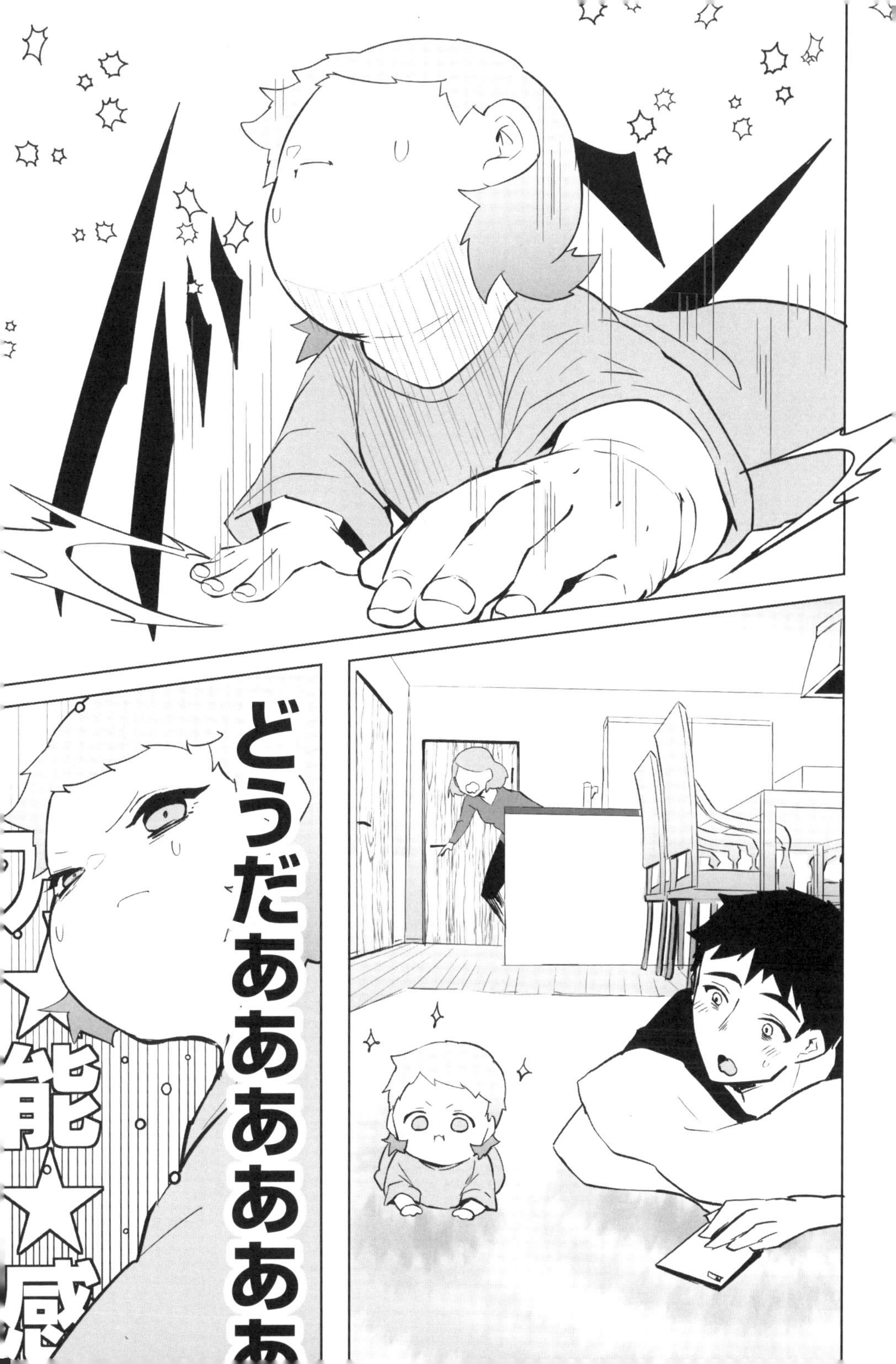
どうだあああああ
★能★感

おおおおお
おおおおお
ビクッッ
見た!? 寝返りしたよ!?
大成功じゃん!!
スムーズだったよね!!
初?? 初!? すごい
泣
あっ 泣いちゃった
ぶわわっ
ふええ…
嬉し
ごめんね びっくりしたね

無事に寝返り成功！
ガシャ
ガシャ
下からのアングル良い感じ
ガシャ
ガシャ
上からのアングルもめっちゃ良いよ
でも…
どうやって寝る姿勢に戻るんだろう
プル
プル
疲れてきた…
頭を下げる？
休憩
いやこれしたら再起不能だわ
いっそのことハイハイする？
重
無理だお尻 重い

「寝返り返り」しかない
むむ…
寝返り返り
寝返り返り
寝返り
※医学的用語ではない
頭から床まで
結構 高さあるな
慎重に
ゆっくり
やらないと
し

ゆっくり
ゆっくり…
ああああああ
身体に対して
頭が重すぎる!!

参考：渋谷紀子．はじめてママ＆パパの0～6才病気とホームケア．主婦の友社，2020，p184．

赤ちゃんまめちしき

寝返りできた!!!

エミちゃん

女神さま

おめでとうございます！
生後4ヵ月を過ぎ、非対称性緊張性頸反射（ATNR）が減少してきたおかげで身体が自由に動かせるようになってきたようです。
現状の身体を捻らない寝返りが4ヵ月時点でできるのは一般的に早い方ですが何も問題ありません。

（AIMS: アルバータ乳幼児運動発達検査法によると4ヵ月時点では20%の信頼性のため、正常範囲最速）

失敗パターン

ATNR残存時代、手と足が伸びたまま
寝返り、手足が下敷きになってしまった。

成功パターン

事前に肩甲帯から腕を引けたので
腹這い姿勢になることができた。

参考：Martha C.Piper. 乳幼児の運動発達検査 AIMS アルバータ乳幼児運動発達検査法. 医歯薬出版株式会社,2012,p110.

赤ちゃんまめちしき

頭 打った～…
心配な時はどんなところを
確かめたらいい？

頭を打った時は最低でも24時間は顔色、嘔吐、機嫌などに注意して様子を見てみましょう。また、意識障害評価にJapan Coma Scale(JCS)という指標があります。赤ちゃんの場合は成人と項目が異なります。
日常で活用することは稀かと思いますが、参考になるかもしれません。

Japan Coma Scale (JCS)

	点数	乳児	成人（乳児以外）
0. 意識清明		あやすと声を出して笑う	意識清明
Ⅰ(1 桁) 刺激なしで覚醒	1 2 3	あやすと笑うが声は出さない あやしても笑わないが視線は合う 保護者と視線が合わない	いまひとつはっきりしない 見当識障害あり 自分の名前や誕生日が言えず
Ⅱ(2 桁) 刺激なしで傾眠	10 20 30	飲み物や乳首を見て飲もうとする 呼びかけで追視あり 呼びかけでかろうじて開眼	呼びかけで容易に開眼 大きな声で開眼 痛み刺激で開眼
Ⅲ(3 桁) 刺激で覚醒なし	100 200 300	痛み刺激で払いのけ動作 痛み刺激で顔をしかめる 痛み刺激で反応なし	

意識状態
良 ↑ 点数が高いほど状態が悪い ↓ 悪

参考①渋谷紀子．はじめてママ＆パパの０～６才病気とホームケア．主婦の友社, 2020, p184.
②医療情報科学研究所．病気がみえる vol.15 小児科．株式会社メディックメディア，第1版, 2022.

俺は記憶力に自信がある
訪問先の施設のこと院長のこと
全部覚えている
ニーズの把握
施設の築年数
大学
科目
患者の年齢層
新規患者の数
MSさんとの共通の話題を見つけた
先生方の趣味嗜好を把握した
薬局長とも面会したし患者資料の活用もした
MS：医薬品卸販売担当者
同期ができていないことをこなして褒められたい
病棟嫌だな…
面会が秒で終わっちゃう…
同期①
恵方《えほう》 開《はるき》
プライドの高さが垣間見えるので結構気を遣う
同期②
呉《くれ》 彩葉《いろは》
俺らの前だとサバサバしてるのに先輩の前だとあざとい

主任は褒めてくれた！嬉しい！
いいわね！そのガッツ！
それくらいやらないとダメよね！
でも先輩には…
それだけ情報持ってるならもっと信頼関係築けるはずだろ？
患者のことは見えているのか？
情報の活かし方を覚えた方がいいぞ
褒めてもらえない…

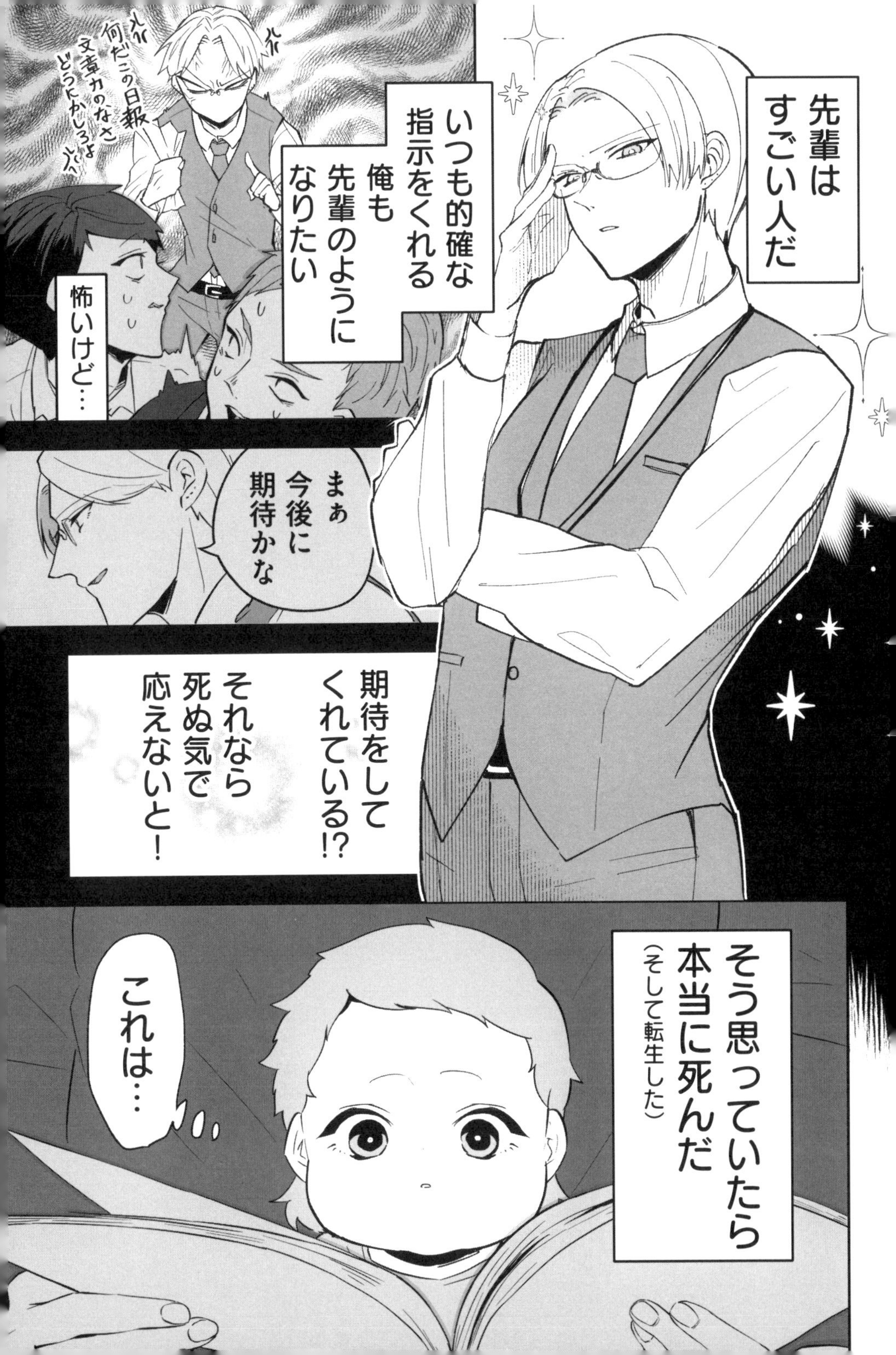
先輩はすごい人だ
いつも的確な指示をくれる
俺も先輩のようになりたい
何だこの日報
文章力のなさどうにかしろよ
怖いけど…
まぁ今後に期待かな
期待をしてくれている!?
それなら死ぬ気で応えないと!
そう思っていたら本当に死んだ
(そして転生した)
これは…

赤ちゃん情報誌!!
俺が今一番欲しい情報！とくに発達!!
寝返り
ハイハイ
おすわり
つかまり立ち
ざっくりな情報だけどありがたい!!
この程度ならすぐに覚えられる
でも…
俺 生まれて今何ヵ月なんだ？
あ〜〜
半年くらい経った？？

※4ヵ月とちょっと

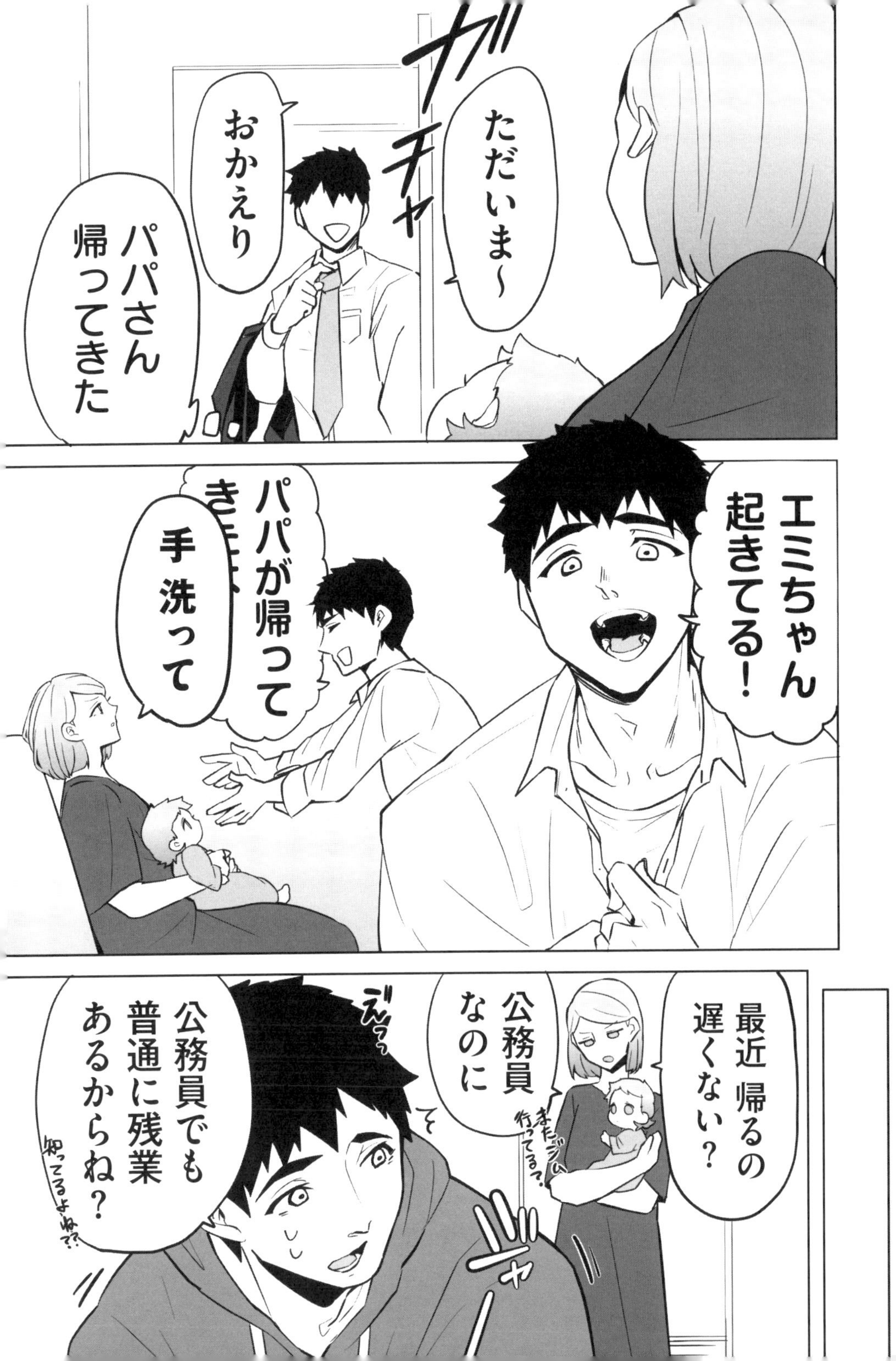
ガチャ
ただいま～
おかえり
パパさん帰ってきた
エミちゃん起きてる!
パパが帰ってき
手洗って
最近帰るの遅くない？
公務員なのに
またジム行ってるっ？
公務員でも普通に残業あるからね？
知ってるよね？？

みんな暇そうって言うけど
新年度だし学校事務忙しいよ
派遣さんは早めに帰すけど…
?
?
?
公務員に先入観がある人たち
パパさん学校事務!!
新年度…つまり4月!
年度末の詰め作業始まったら俺死ぬかも
キャパ超えたわマジ無理
前世の記憶では死んだのは多分3月上旬…
ペチ
ペチ
ペチ
ペチ
ペチ
何だこれ邪魔だなぁ!
きゅっ

ゴゥン
ゴ
ゴゥン
ゴゥン
もしかして…
これ…俺…
俺!!
胎内記憶
ある!!
生まれる前から
転生始まってた!!
はわわわわ

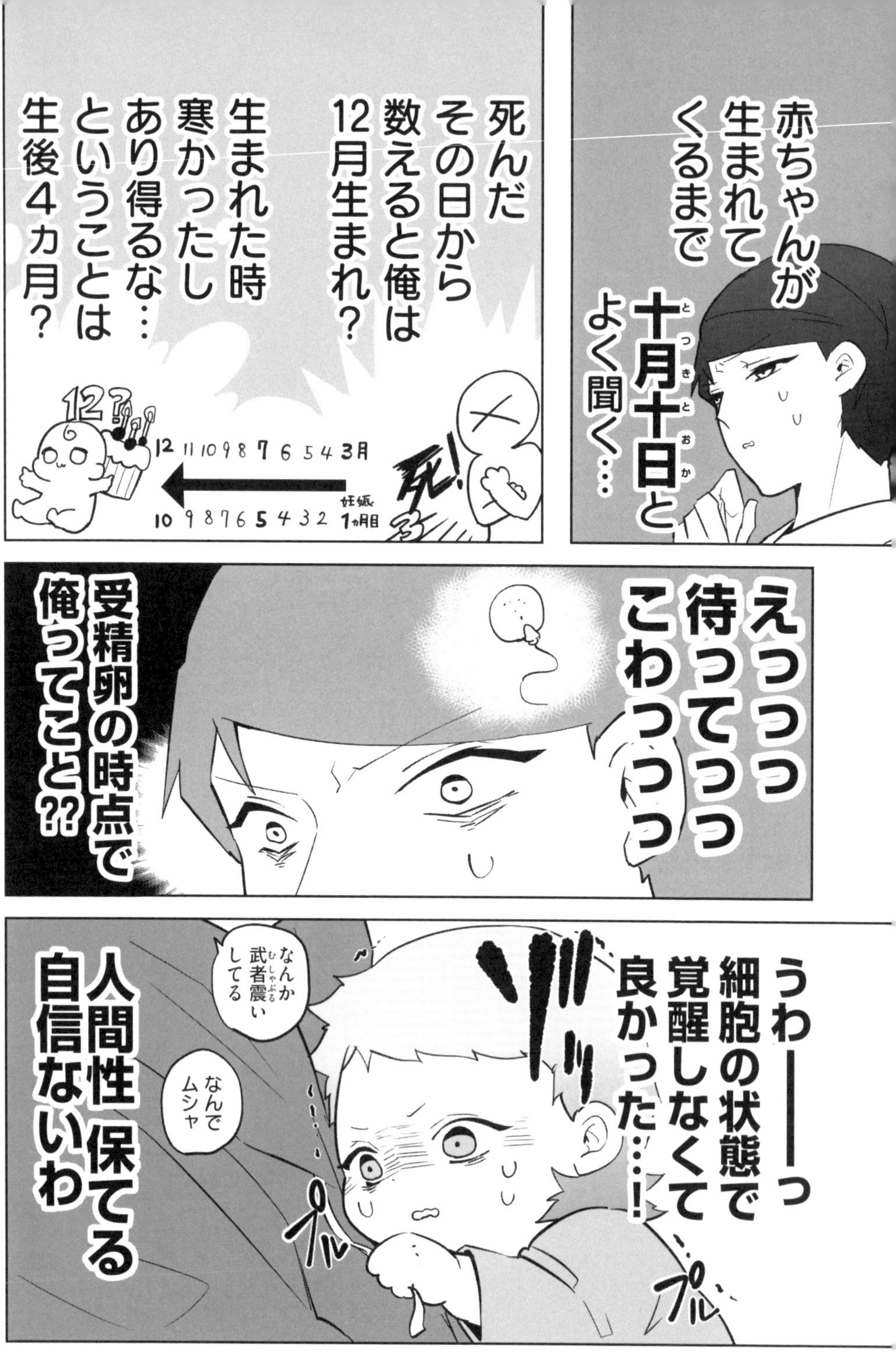
赤ちゃんが
生まれて
くるまで
十月十日《とつきとおか》と
よく聞く…
死んだ
その日から
数えると俺は
12月生まれ？
生まれた時
寒かったし
あり得るな…
ということは
生後4ヵ月？
死！
12？
12 11 10 9 8 7 6 5 4 3月
妊娠
1ヵ月目 2 3 4 5 6 7 8 9 10
えっっっ
待ってっっ
こわっっっっ
受精卵の時点で
俺ってこと？？
うわ——っ
細胞の状態で
覚醒しなくて
良かった…！
なんか
武者震い《むしゃぶる》
してる
なんで
ムシャ
人間性 保てる
自信ないわ
プル
プル

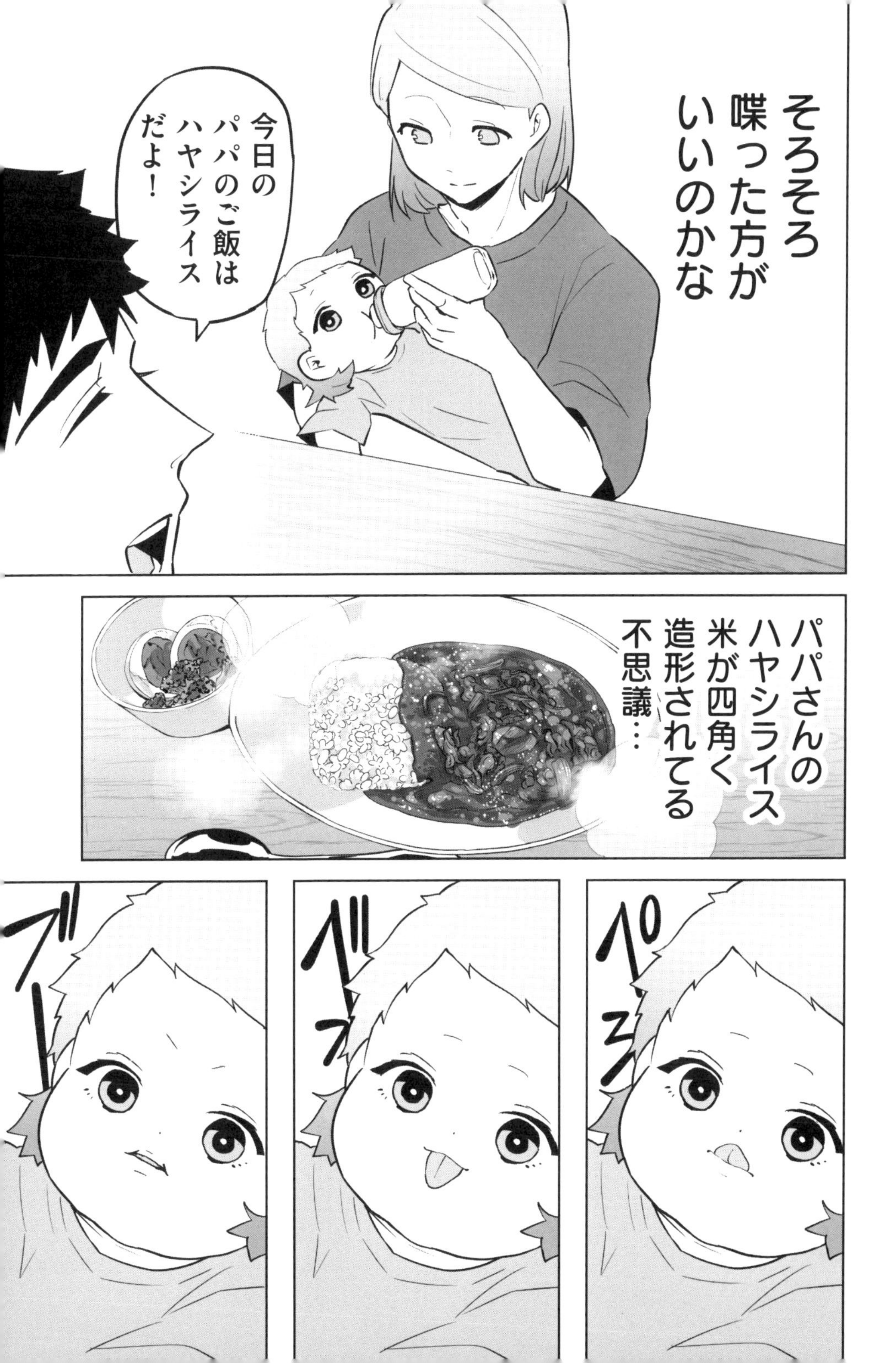
そろそろ喋った方がいいのかな
今日のパパのご飯はハヤシライスだよ！
パパさんのハヤシライス米が四角く造形されてる不思議…
ペろ
ベァ
ブー

いけるわ
これ絶対
喋れる
どやあ
かふっ
わっ
セルフ
ゲップした！
助かる
ね～
初めての発語
何にしようかな
天才～
ここはやっぱり
ママさんか…
わくわく
「ママ」はちょっと
抵抗あるから
「お母さん」に
しよう！

おあぁ～
言えてねえ!!
声幼《おさな》ぁッ
恥ずッッ
おぁ…
あ…
一生涯《いっしょうがい》
俺の口から
こんな、かわいい
声が出続けるのか?
わな
わな
わな

うああああ
うわっ
危ない！のけ反《そ》った！
もう眠いね 寝かしつけ 行ってくる
おやすみ～
悔しい!!
「か」と「さ」が圧倒的に困難!!
か
さ
か
○ 言える
× 言えない
おかあさん
○×○×○

k…
!
軟口蓋《なんこうがい》を押し付ける舌
ぐぐっ
か
!!
大きく開くが震えない声帯
カッ
そうか！もっと喉の奥で発音するんだ！
あ《（か）》
無理じゃん

……
ん～
喉も筋肉だし練習しないとな
あ
んあ
まぁ～
!!
ん～～
もう「ママ」でいいや!!
各国で大体「ママ」って呼ぶの多分理にかなってるわ!!
正当化
英語（アメリカ）：mom
英語（イギリス）：mum
イタリア語　：mamma
韓国語　：eomma
ドイツ語　：Mama
フランス語　：maman
ハワイ語　：Māmā

赤ちゃんまめちしき

言葉一つまともに話せない…
カ行やサ行はどうして
あんなに難しいの

エミちゃん

女神さま

国際音声学会では言語の音声を
以下の3つの基準で定めています。

- 調音点：口のどこで発音するか
- 調音法：どうやって発音するか
- 有声性：声帯が振動しているか

この基準によると、カ行の子音[k]は
無声軟口蓋破裂音となります。
サ行の子音[s]は無声歯茎摩擦音です。
これら共通の無声音は声帯を大きく
開きながら振動させずに使う必要が
あるため、赤ちゃんには難しいようです。
また、喉と舌の奥を使う軟口蓋破裂音も、
歯茎で摩擦が起こる程度に口を狭《せば》める
歯茎摩擦音も微調整が赤ちゃんには
できないのでしょう。
口、舌、喉の練習を頑張りましょう。

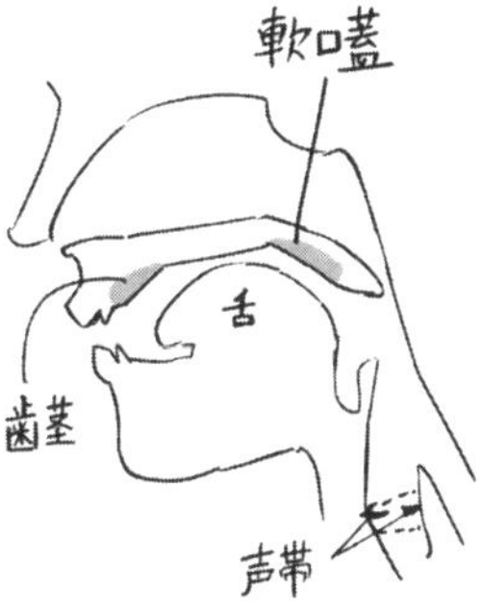

参考：川原繁人．音声学者、娘とことばの不思議に飛び込む．株式会社朝日出版社，1版，2022，p61-72.

予約が必要なんだぁ
ふしゅ
ふしゅ
エミちゃん
ゴロン
児童館に遊びに行こうか
ママさんが行きたいなら…
う〜
それにしても…
ふふふ 今お返事したねぇ！

ママさんって
すごく綺麗だし
優しいんだけど
職場では
すんごい
厳しそう…
芯があるというか
どちらかというと
主任タイプ…
苦手…
根拠は？
とか言ってきそう
俺にはわかる
顔ＷＷＷ
なんか目力
強いねぇ‼

児童館
18歳未満の子どもが自由に利用できる児童福祉施設である
めぶき児童館
カラララ…
こんにちは〜
こんにちは！
こんにちはぁ

私ここ初めてで…
よろしくお願いします
嬉しい〜〜!ここいつも過疎だったんですぅ
蛍原《ほとはら》笑稔《えみ》です来週で5ヵ月になります
ここで俺は何をすればいいんだろうすでに帰りたい
え〜〜かわいいい〜
単純
髪フサフサ
児童館良い所だな
頭小さいですね!
顔整ってますね
ふッ

玲《れい》です
2ヵ月の娘の瑠美《るみ》です
玲《れい》
通称：レイさん
瑠美《るみ》
通称：ルミちゃん
結愛《ゆあ》です
こっちは和光《わこ》ちゃん6ヵ月です
結愛《ゆあ》
通称：ゆあちゃん
和光《わこ》
通称：わこちゃん
はわっ

ににに2ヵ月!? お身体大丈夫ですか!? それに6ヵ月ですか! 近いですね! お座りすごい!
……
かわいいなぁ!
なんかこう庇護欲《ひごよく》をかき立てられる造形をしている
目綺麗で宝石みたい
ほぁ…
見そよー
エミちゃん本当にかわいいい～
うちの子ハゲだしデブだし羨《うらや》ましいい～
はぁ?

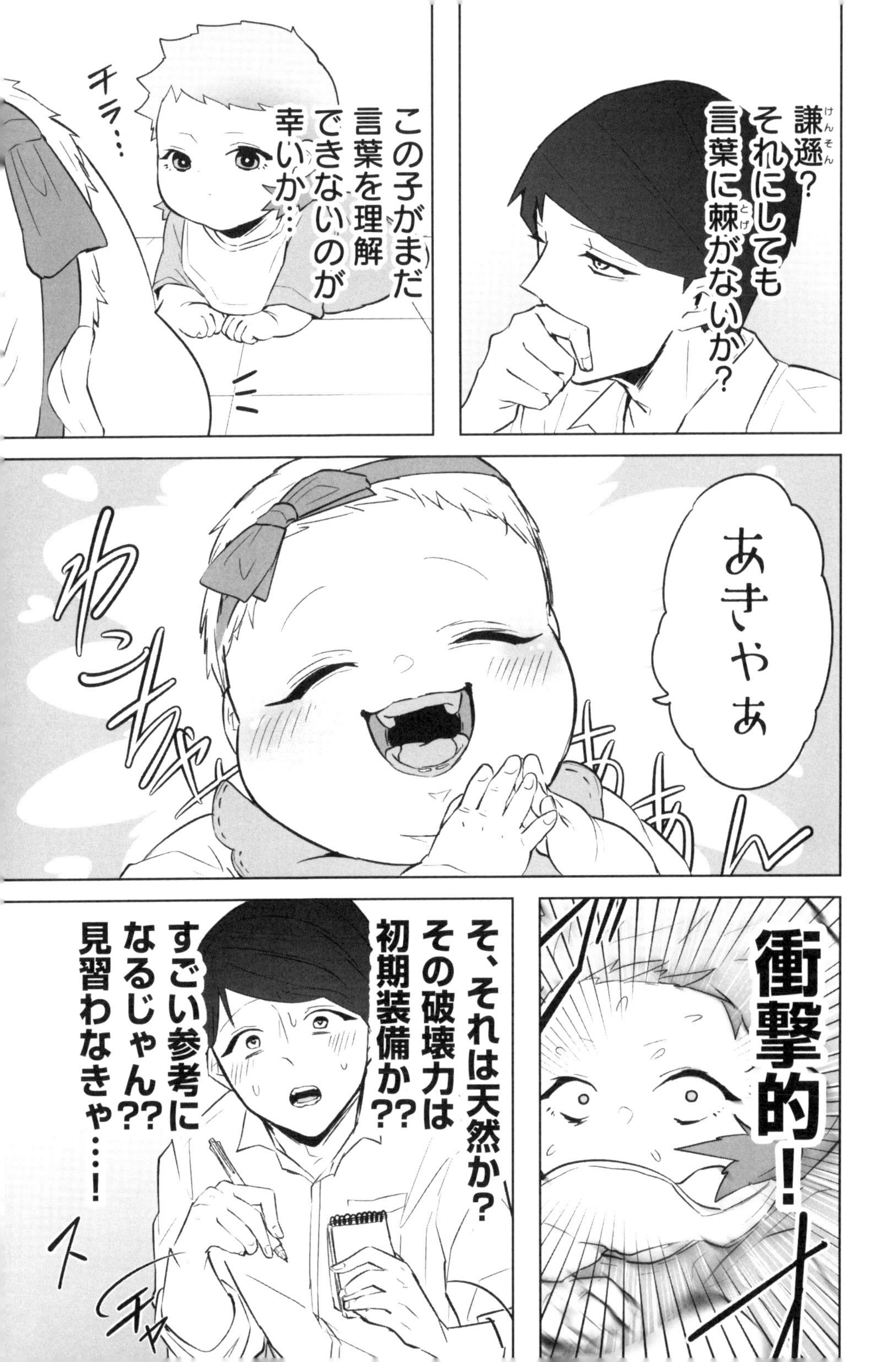
謙遜《けんそん》？
それにしても
言葉に棘《とげ》がないか？
この子がまだ
言葉を理解
できないのが
幸いか……
チラ…
あきゃぁ
わっきゃ
ああん
衝撃的！
そ、それは天然か？
その破壊力は
初期装備か？？
すごい参考に
なるじゃん？？
見習わなきゃ…！
スチャ

もはや
魅了《チャーム》!!
凄まじい
赤ちゃんだな
これが本物か
でも俺も
よくかわいいって
言われるし
むむ・・・
ママさんの
遺伝子
継いでるし
先輩に良い感じの
笑顔のやり方
教えてもらったし
歯茎が見えると
下品だろ？
だからこうやって
頬を上に・・・
俺の笑顔も
見てくれ!!
あう

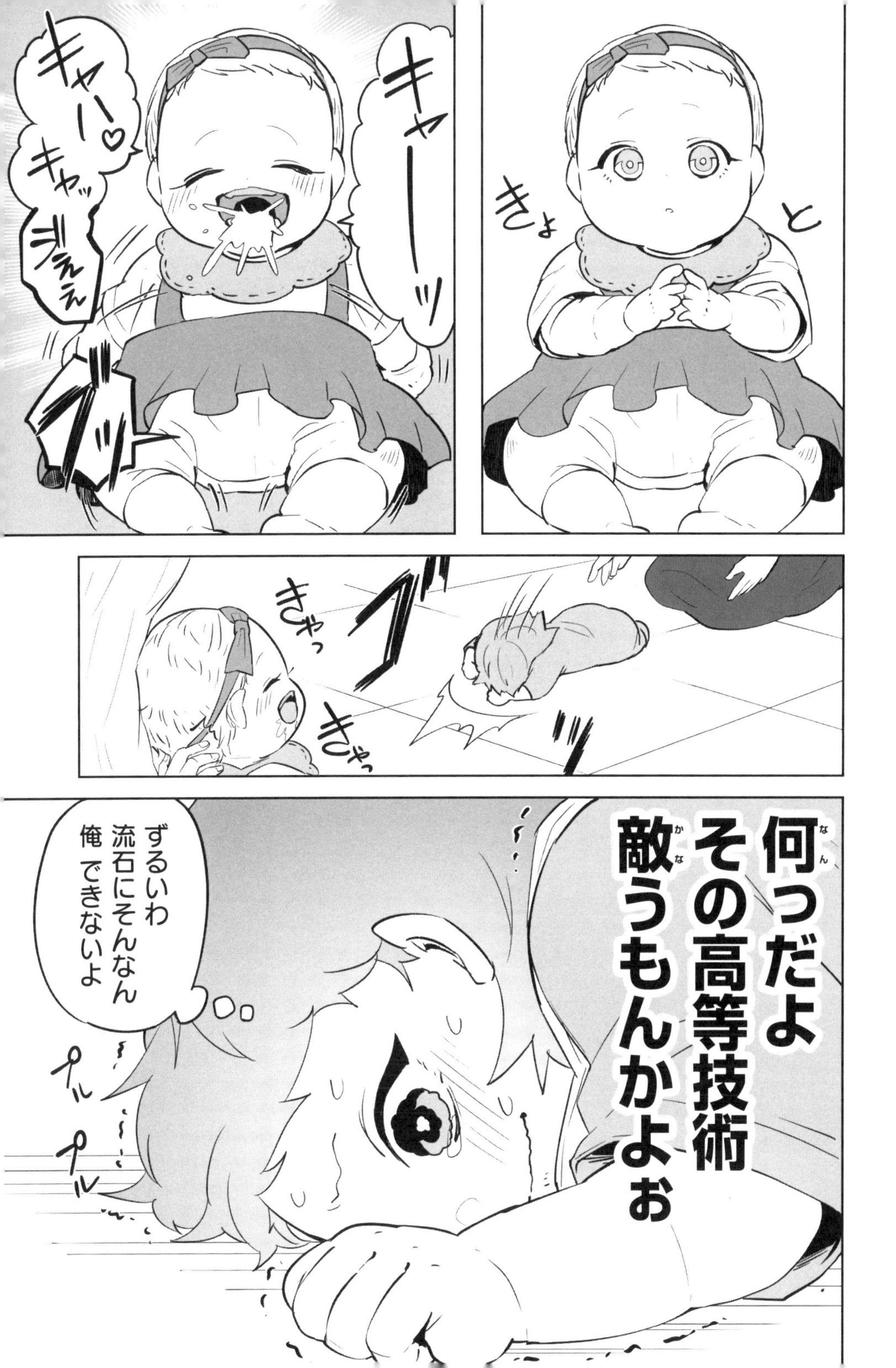

きょ
と
キャーーッ
キャー♡ キャッ
きゃっ
きゃっ
何《なん》っだよ その高等技術 敵《かな》うもんかよぉ
ずるいわ 流石にそんなん 俺 できないよ
プル プル

もうっ ヤダっ 汚い～
あへへへへ
う―――ん やっぱり俺 わこママさん 苦手かもなぁ
あれ、でも…
メイクは華やかだけど
ネイルはしていない
わこちゃんのためを思ってのことなのか
ネイルNGの職種なのか気になる…
俺の予想は飲食系！
飲食業
接客
医療

あは…
離乳食始めてから吐き戻し減ってきたんですけどね…
離乳食はお座りして食べてるんですか？
まだもたれ掛かる感じなので
うちはバウンサーを使って食べてますよ！
バウンサー
ベビーチェアの一種
傾斜がついていて
揺らすことができる
あぁ〜そういうところが原因かもしれませんね
吐いたのは俺のせいだわ
ごめん

私 子育て ブログを 書いてまして
えっ！ すごい！
ズッ
腰に手を 当てるポーズ！ ＝自信の表れ
コミュニティを 築きたいので あれば不向き！ 何故？ マウントか？？
ドッ ドッ ドッ
セミナーとかも やってるんです
今度一緒に いかがですか？
我が子のこと もっと理解 するために
勉強 しませんか？

勧誘目的か！
しかもセミナー
あとから費用請求されるやつ
児童館怖いいいいい
ママさん回避頼む
※フィクションです。児童館は楽しいところです。
確かに子育ての知識をちゃんと教わりたいかも…
わこちゃんママはサクラか？
緊張すると思いますし見学からが良いですよ！
よかったら連絡先の交換をー…
あの…
職業柄食事介助をしますがバウンサーなら飲み込みやすい姿勢になるので悪くないと思いますよ！
ド天然かよぉ！

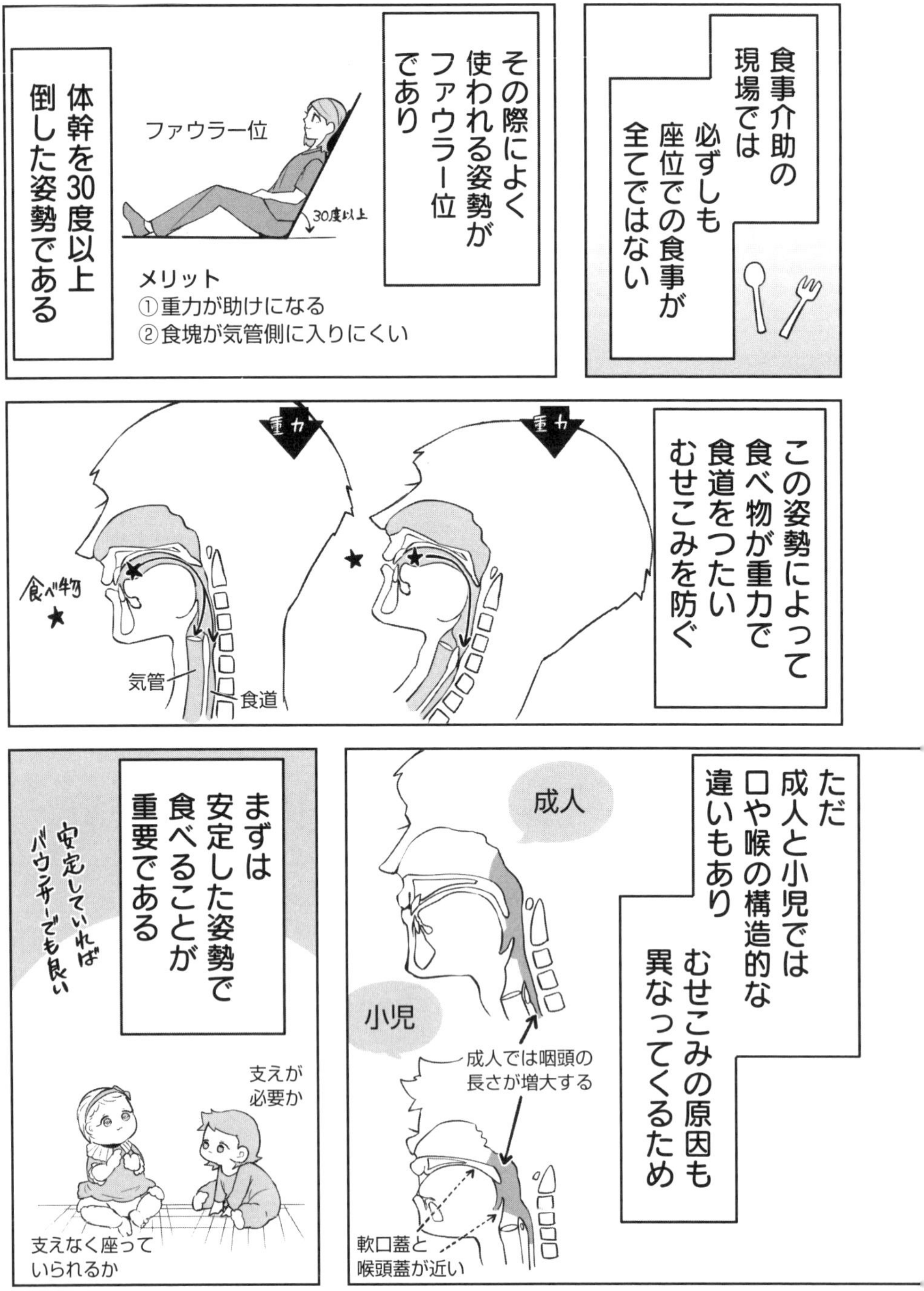
食事介助の現場では必ずしも座位での食事が全てではない
その際によく使われる姿勢がファウラー位であり
ファウラー位
30度以上
体幹を30度以上倒した姿勢である
メリット
①重力が助けになる
②食塊が気管側に入りにくい
この姿勢によって食べ物が重力で食道をつたいむせこみを防ぐ
重力
重力
食べ物
気管
食道
ただ成人と小児では口や喉の構造的な違いもあり
むせこみの原因も異なってくるため
成人
小児
成人では咽頭の長さが増大する
軟口蓋と喉頭蓋が近い
まずは安定した姿勢で食べることが重要である
安定していればバウンサーでも良い
支えが必要か
支えなく座っていられるか

参考：①田角勝，向井美惠．小児の摂食嚥下リハビリテーション．医歯薬出版株式会社，第２版，2021,p15,155.
②道又元裕．最新エビデンスに基づく「ここが変わった」看護ケア．株式会社照林社，第１版，2014,p106-107.
③竹尾恵子．Latest 看護技術プラクティス．株式会社学習研究社，第11版，2007,p121-127.

えっっっっ
なんで真正面から
殴りに行ってんの
成敗パターン
正しい知識を！
医
ド天然パターン
勉強!? では私はこの知識を提供します
ワクワク
医
ゾクッ…
わこちゃん!!
無力な俺らはこの人から離れた方がいいぞ！

ぱ
意思疎通できる気がしない…
いやし…
0歳の思考能力はどの程度なんだピアジェ
子どもは自ら考え答えを導き出せる
ジャン・ピアジェ
児童心理を勉強すると頻繁に出てくるスイスの心理学者。認知発達論が有名。
離脱!!
え めっちゃ動く
コロン
コロン
コロン
寝返り&寝返り返り＝横移動

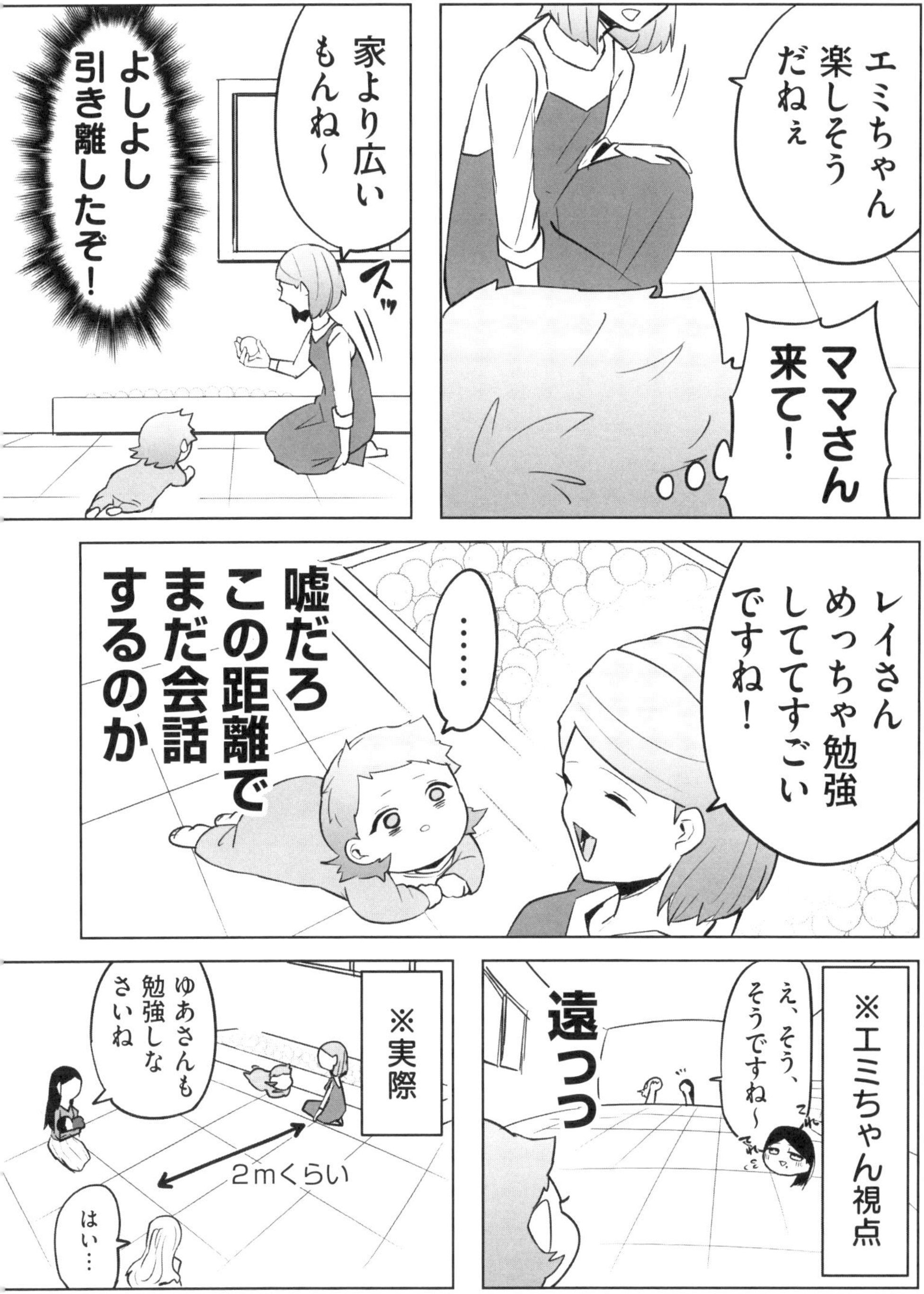
エミちゃん楽しそうだねぇ
ママさん来て！
家より広いもんね～
スッ
よしよし引き離したぞ！
レイさんめっちゃ勉強しててすごいですね！
……
嘘だろこの距離でまだ会話するのか
※エミちゃん視点
え、そう、そうですね～
てれ
てれ
遠っっ
※実際
ゆあさんも勉強しなさいね
2mくらい
はい…

私 産後2ヵ月の時なんて基本的に寝てましたよ
ははは
わかる～わかりますぅ
ブン
ブン
私は苦労してこの子を授かったので 絶対に失敗したくないんです
触れるもの身体に入れるもの全て良いものを選んであげたくて！
離乳食のスケジュールも決めましたし！
通う幼稚園も習い事も受験する学校も決めました！

そのためには
やはり食べ物
ですよね！
市販品の塩分や
砂糖の量を
気にしたこと
ありますか？
赤ちゃんが
口にしたら
内臓に負担が
かかり大変です！
愛情たっぷりの
食事と教育！
有名な野球選手も
金メダリストも
そうやって育って
きてますから！
お砂糖を使う時は
精製された
上白糖よりも
こくとう
はちみつ
はちみつや
黒糖 を使うと
より良いですよ！
※絶対に真似しないでください
ダメだよ!!!!!!
俺《赤ちゃん》
死ぬよ!?!?!?

参考：①別府輝彦，新バイオテクノロジーテキストシリーズ 新・微生物学 新装第2版，第5刷，株式会社講談社，2017，p122，p125．
②医療情報科学研究所．病気がみえる vol．15小児科．株式会社メディックメディア，第1版，2022，p537．

ドドッ
ドドッ
仕事では一切活かされなかった大学時代の知識!!
活かせる時がきたんじゃないの!?
ドドッ
ドドッ
完全殺菌は120度で20分の加熱！
一般家庭では非現実的！
自分の身を守る方法は1つ！
俺は離乳食を拒否するぞ！
ドーン
はちみつはダメってよく聞きますが…
それは衛生環境が悪い昔の話ですよ
はちみつは薬に使われるほど体に優しくて…
あははは

も〜〜〜っ レイさんってば 真面目に 冗談言うから 緊張しちゃった〜
あははははっっ
はちみつってか ボツリヌス菌が ダメって有名じゃ ないですか〜
さすがに 私でも わかりますよぉ
え〜 すごい
よく名前 出てき…

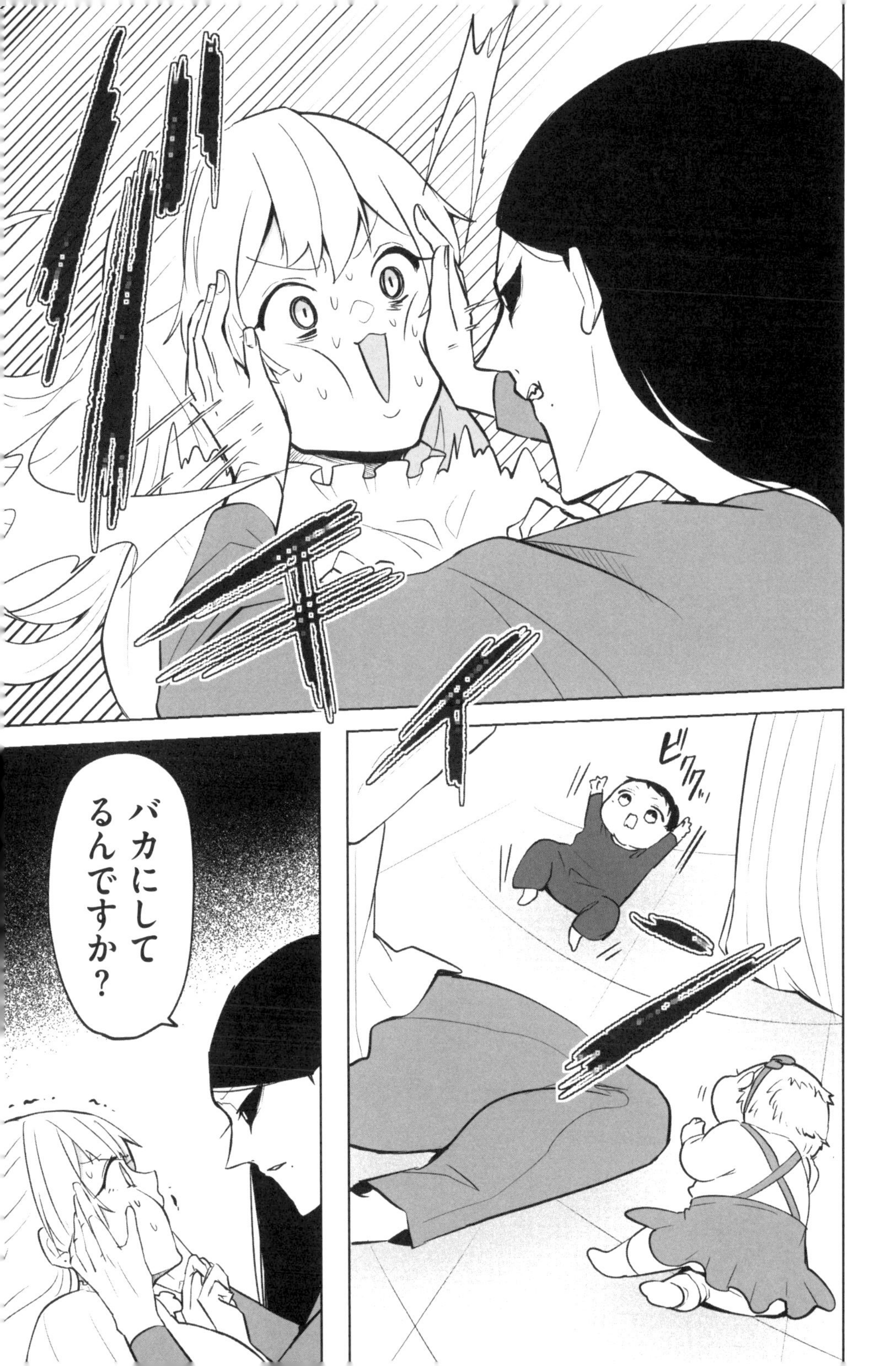
ビククッ
バカにしてるんですか？

注：母子健康手帳の内容の見直しは、厚生労働省のこども家庭庁が社会情勢や育児に関する知見の変化に合わせて随時行っている。この結果およそ10年おきに改正されているというだけで10年ごとに改正するルールがあるわけではない。手帳にはエビデンスに基づいた正しい情報が記してある。

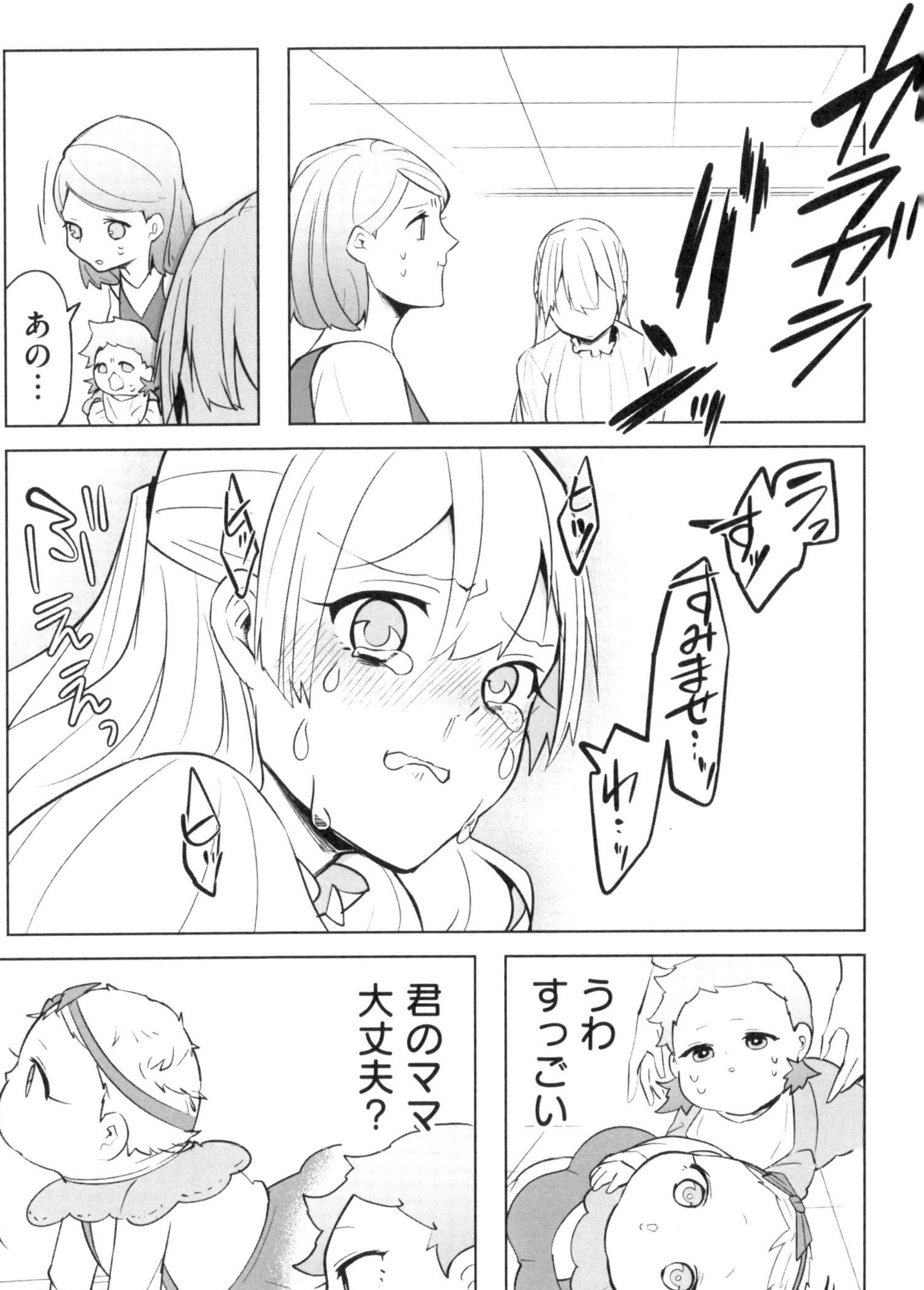
ガラガラ
あの…
すっ
すみませ…ん…
ヒッ
ヒッ
ヒッ
ぶーええっ
うわ
すっごい
君のママ
大丈夫?

へちゃっ
ザッ
ザッ
スゥ〜
ぐっぐっ
でんっ
で
座ってるゥーッッ
わこちゃん座れるんだっけ??
ってか身体柔らけぇぇ

ママさんたち見てるか!?
ハンカチいっぱいあるので～
ぐすっ
ぐすっ
私 薬剤師なんですぅ
勉強してますぅ…
見てない!!
ぐらん
ぐらん
わた
わた
ぱしっ
わこちゃん倒れそうだよおお!!
うごうご
うご
ハッ
支えないと…!
うご

気付いてぇ!!
ふぇーえーえっ
ぎゃーー!!
いいですよ
かわいい
ハンカチに
鼻水がぁ!
クソ…!!
ならせめて
ヒヤリハットで
留めたい!!
ハァ
ハァ
ハァ
ハァ
アクシデントは
嫌だ!!
ああああ
手足は動くが
前進ができない
わた
わた
シャカ
シャカ
シャカ
近づけないい

※この反射を出そうとして転落させてしまう事故があるので安易に行わないこと

参考：①Martha C.Piper. 乳幼児の運動発達検査AIMS アルバータ乳幼児運動発達検査法. 医歯薬出版株式会社, 2012, p72.
②森川昭廣. 標準小児科学. 株式会社医学書院, 2009, p16.

※ピボットターン…お腹を支点にして体を回す動き

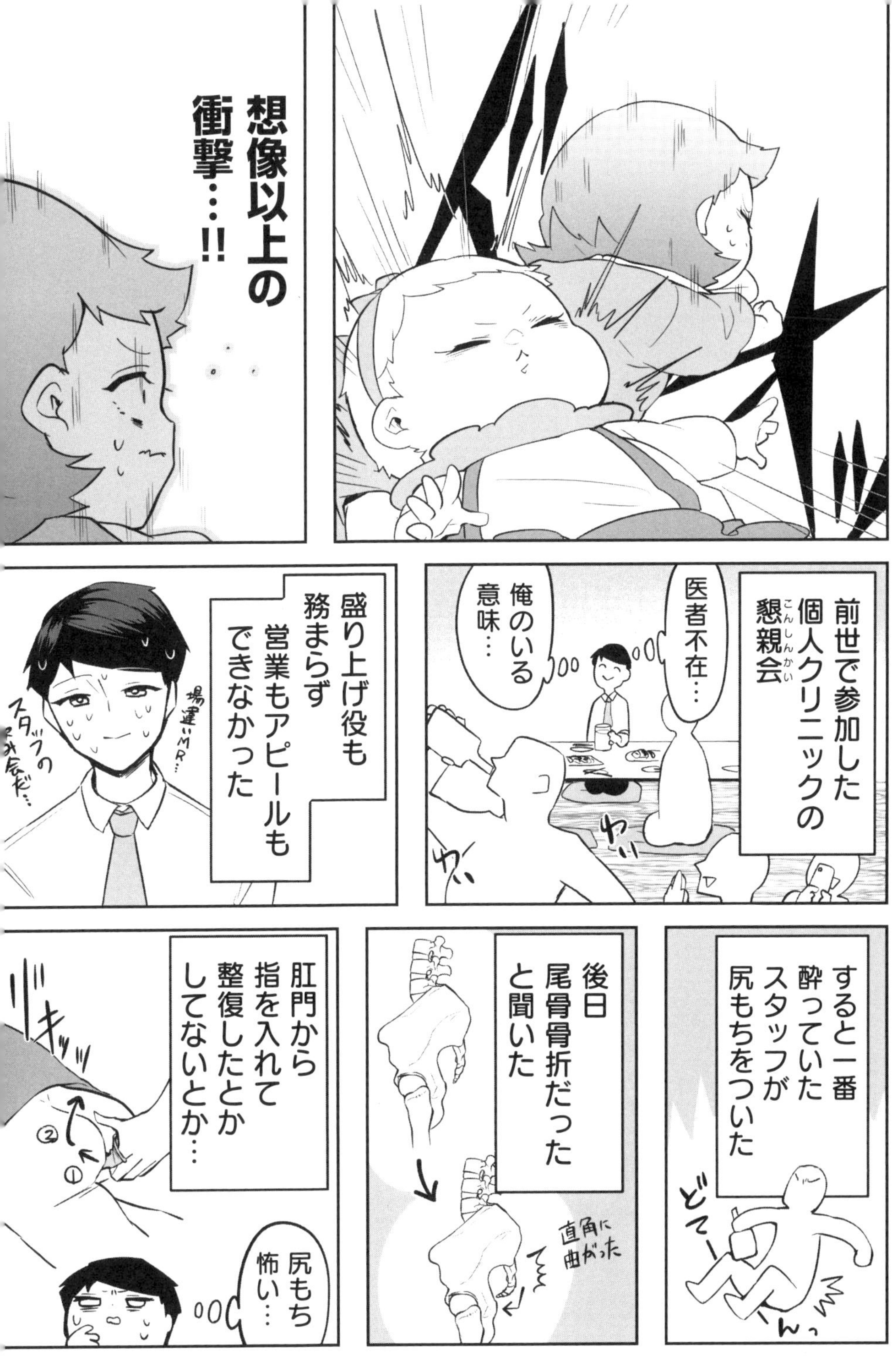
想像以上の衝撃…!!
前世で参加した個人クリニックの懇親会《こんしんかい》
医者不在…
俺のいる意味…
わい
わい
盛り上げ役も務まらず営業もアピールもできなかった
場違いMR…
スタッフの飲み会だ…
すると一番酔っていたスタッフが尻もちをついた
どてー
んっ
後日尾骨骨折だったと聞いた
直角に曲がった
肛門から指を入れて整復したとかしてないとか…
ゴキッッ
②
①
尻もち怖い…

俺の尾骨
無事か？
きょむ…
あ!!
わこ!?
わこー!?
何してるの！
重いんだから
どいて！
ボソ…
かわいい…
写真撮っても
いいですか？
ええっっ
ぜひ！
あとで
ください！
スリスリ
スリ
スリ
わこちゃんが
頭をスリスリ
してくる…
眠いのかなぁ
俺も眠い…
疲れた…
ふぁあ
きゃ～！
仲良し
なのー？
カシャッ
カシャッ
きゃっ
きゃっ
嬉しそう…

赤ちゃんって
大変だなぁ

ピンポン
近くを通ったから来ちゃった!
お義母さん
時間大丈夫?
はい!

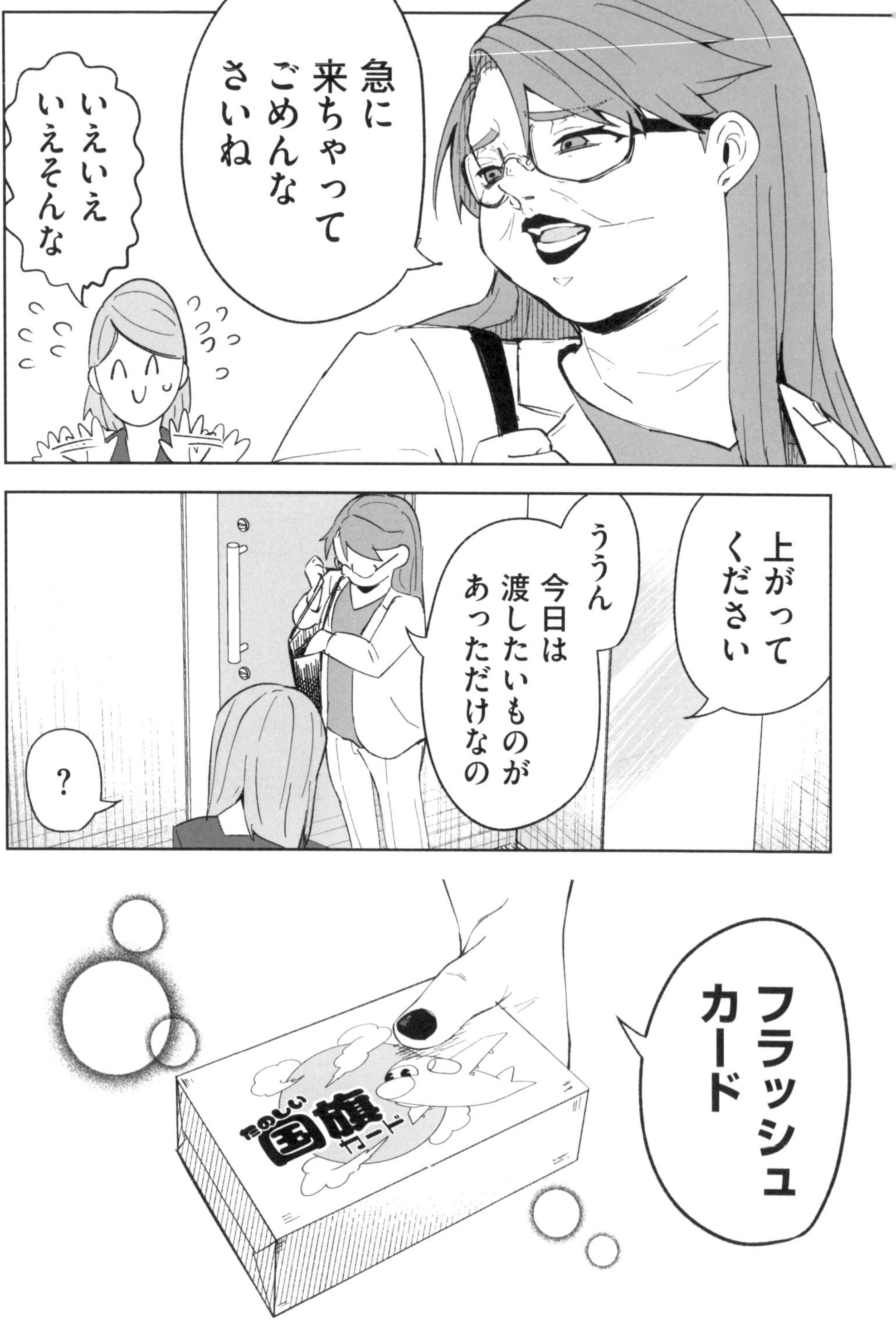
急に来ちゃってごめんなさいね
いえいえいえそんな
上がってください
ううん今日は渡したいものがあっただけなの
？
フラッシュカード
たのしい国旗カード

それ何？
フラッシュカードだってさ
今日お義母さんが持ってきたよ
こうやってパッパッってやるらしいよ
パッ
パッ
へ〜
フラッシュカード
イラストのついたカードを用いて学習を図る教材のひとつ

これ実家にあったかも
国旗…？
テツくん国旗覚えてるの？
…覚えてるけどぉ…
アフリカはちょっと自信ないかも…
フランス
国旗と歴史はセットだしカードで覚えてないと思うんだよね
でも…
すり込み？とかで国旗に興味持ったんじゃないの？

えっ
うわ
あるかも
怖ッ
ボソ…
それじゃあ
エミも…
なになに
怖い…
せっかく興味持つなら実用的なさ…
ウィ〜ン…
ザッザッガッガッ
ウィ〜ン…ザッ
筋肉のフラッシュカード！

えぇ…
良い!!
俺そういうの
好きー!
じっ
ほら!
ほらほら
ほらぁ!
めっちゃ
見てる〜
〜〜っ
わはっっ
モノクロで
複雑な図…!!
ほぼほぼ
見えない!!
?…?…?…?…

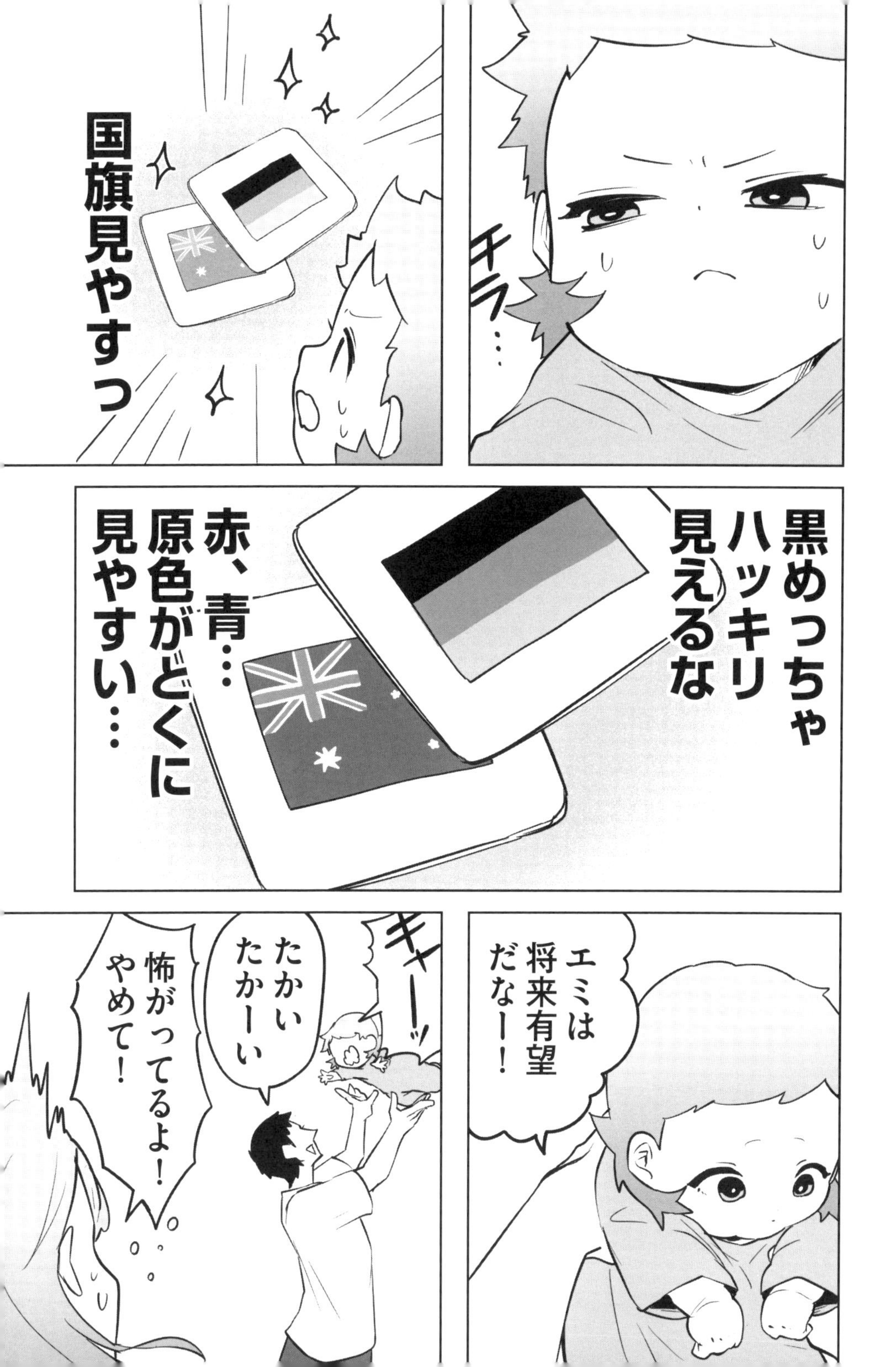
チラ…
国旗見やすっ
黒めっちゃハッキリ見えるな
赤、青…原色がどくに見やすい…
エミは将来有望だなー！
キャーッ
たかいたかーい
怖がってるよ！やめて！

ああああ
ハッ
この浮遊感
無理!!!
ああああッ
あ
ひあ
身体の何倍の高さに投げてんだッ!!!

ほら
笑ってる！
もう一回！
落ちたら死
落ちたら死
ぎゅうう
うう
この抵抗が
わからんのか??
空中での
体勢維持が…
ダメ！
怖かったか…

高い高い遊びでは
赤ちゃんを
上方に投げたものの
保護者が
受け止められず
落下させてしまう
事故がある
やらない方がいい

いつ	赤ちゃん	傷害	参考
2020	0歳児	大腿骨骨折	消費者庁
2021	3ヵ月	脳内出血	The Northern Echo
2021	4ヵ月	外傷性くも膜下出血	共同通信

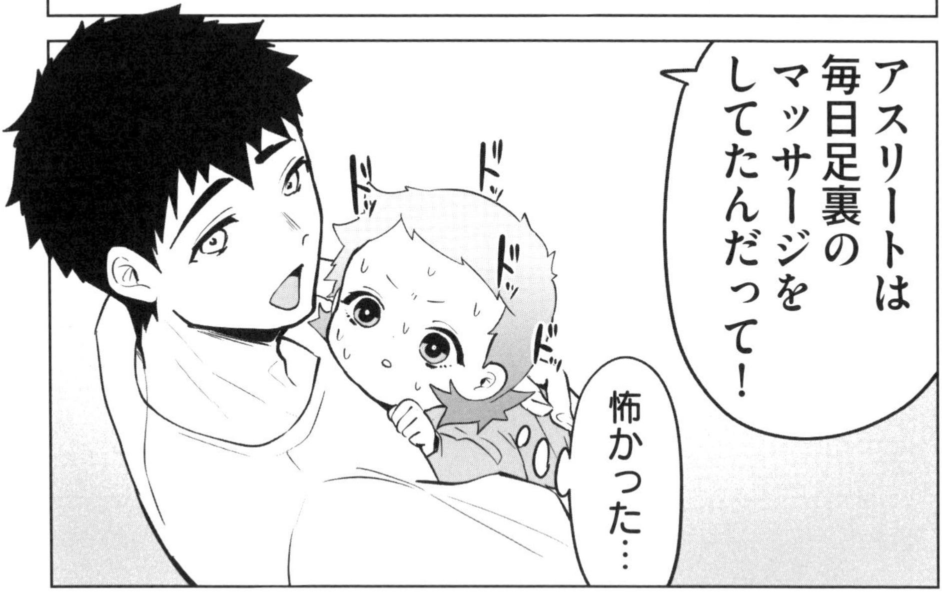
アスリートは毎日足裏のマッサージをしてたんだって！
ドドドド
怖かった…

今からやっておけば運動会で活躍できるんじゃないかな～
足裏のマッサージって何するの？

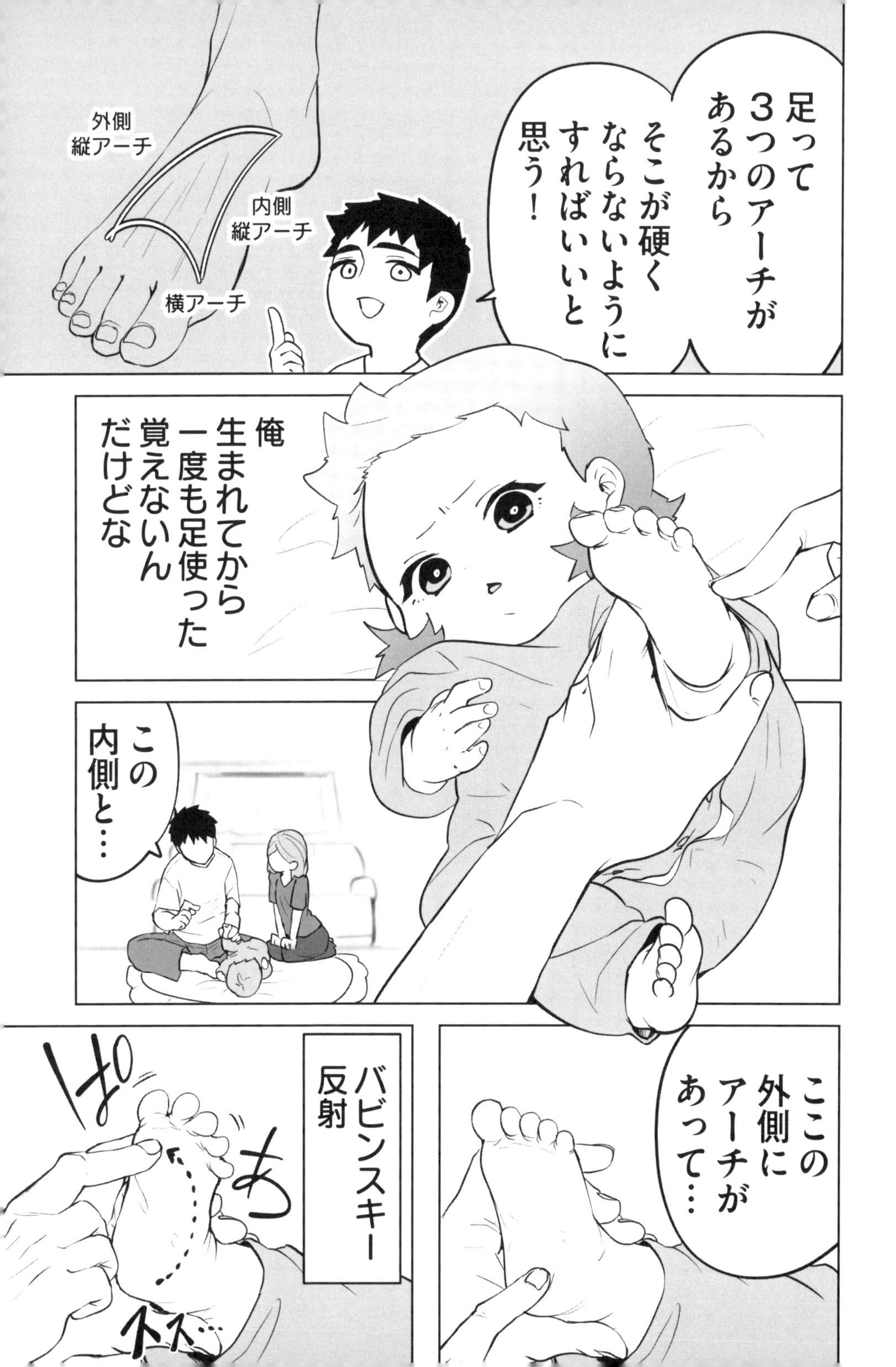

外側縦アーチ
内側縦アーチ
横アーチ
足って3つのアーチがあるから
そこが硬くならないようにすればいいと思う！
俺生まれてから一度も足使った覚えないんだけどな
この内側と…
ここ外側にアーチがあって…
バビンスキー反射
ぱ
あ

参考：①産経新聞：2015年3月15日 ②日本経済新聞：2014年9月6日

特別エピソード①
「前世の職場」

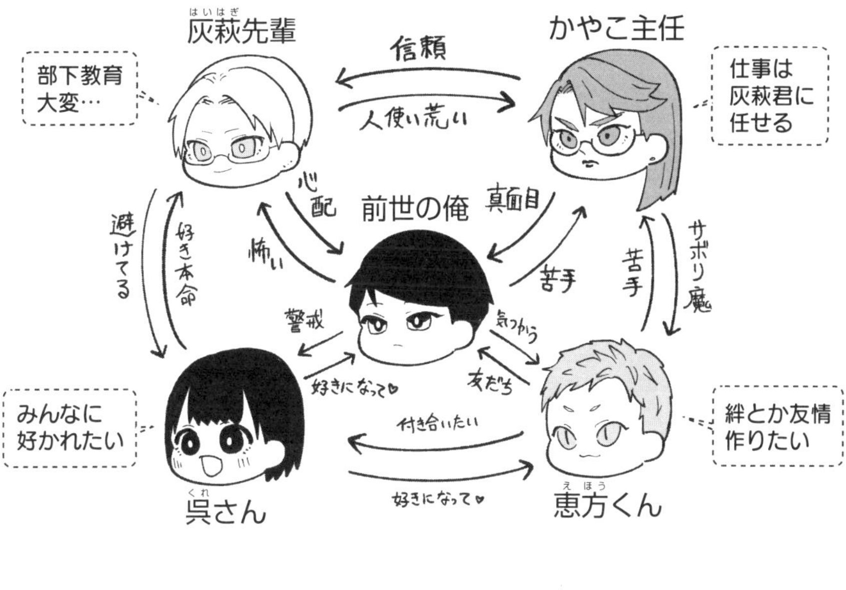

俺は医薬情報担当者通称ＭＲ
医薬品を正しく安全に処方していただけるよう
医療機関に情報を提供する医薬専門の営業職だ
だけど実際は…
医師不在は多いし
先生はもう帰られました
!?
じゃあ資料だけでも！
他社に信頼度で負けてるし
ライバル社
ニーズの把握が明確…
挙げ句弁当屋さんだなんて呼ばれる
説明会で弁当を用意するため
前回好評だったお弁当を用意いたしました
量多い
肉多めが良い

医者
昼休憩なくなるからまた診療後に来てくれる？
20時くらい
承知しました！また伺います！
ぐわあああ　ああああ
昼に来いっ　ってたじゃ
時間無駄にした!!
俺だって忙しいのに！
脳内先輩
患者と接する医師が一番忙しいだろ？傲慢だぞ
脳内主任
ドライブ楽しかった？気分転換にはなったかしら

脳内同期
いつも残業してンのに日報少ないね
コスパもタイパも上げていこうぜ
俺がもっと顔良くて段取りが良くて
先輩
主任
愛嬌があって話し上手だったらな…
ガコッ
印刷が必要だな
一旦営業所に戻らないと

ゴホッ
ゴホッ
咳が出る…
ペリ
先輩がいつもくれるアメ
まずいけど咳止まるんだよなぁ
コロン
コロン
また咳してるのか！
我慢しろ！止めろ！
絶対に訪問先で咳するなよ
袋ごとアメ持ってけ
営業所
撫倉《なでくら》！

お疲れ〜
もうあがり？みんなでメシ行かない？
俺まだ夜にアポあるんだよ
頑張るねぇ
え〜〜〜つら〜
後から合流なら行けるかも
ススス
恵方と2人きりもアレだから早く来てね
なになに？何の話？
ん〜内緒
内緒〜

ガチャ
お疲れ様です
撫倉くん良いところに
お菓子食べる？
ぜひぜひ！いいんですか⁉
全部あげる
これ手作りですか？
先輩すきすき
先輩のレターケースに手作りお菓子いれとこ!!
呉さんのな

それじゃあ俺が食べちゃダメだと思いますが…
手作りとか気色悪くて食べられないんだよ
おにぎりも他人が作ったものはダメ
あ〜〜〜〜無慈悲…
それにあの子…
距離感が近すぎて怖い
あ〜
男性陣にはあの距離感なんですよね
恵方くんは喜んでます
撫倉くんも気を付けなよ
あとその手の癖…
主任の真似か？

いいえっ無意識でした
じゃあ何だミラーリングか？主任より僕の方が関わり多いだろ
ミラーリング 好意を持っている相手の仕草や行動を自然に真似てしまうこと
共感を得る目的で意識的に仕草を真似る心理テクニックもある
え…え〜…俺苦手ですよあの人…

サブリミナル効果ですよ
ヘッ
その閾値《いきち》は上げろよ
かわいそうだろ
サブリミナル効果（＝識閾下《しきいきか》刺激）
とても弱い知覚刺激によって潜在意識に一定の影響を与える効果
映像
途中でほんの一瞬だけ映像や画像が挿入される
パッ
印象に残る
かつて映像広告などで使われていたが今では禁止されている
やることないなら早く帰れよ
また後で出ます
急遽 夜に…

ブシャッ
うわっ 汚っ
ビクッ
酒だこれ 度数高いやつ…
撫倉くん？
どうした？
おい
喉熱ッツつ
毒じゃやねえの
風味とか ないんだけど
シュッ
匂いがもう
完全にこれ

ぐうううううう
菓子食べる奴の顔じゃないだろ
一気にいかないとキツイですね！
何で？
呉さんはこの菓子に何入れたんだ
まずいんだろ？
もういいって
ボンボン的なチョコなんですけど
酒が強くてキツイです！ショットみたい
お前今…
何て言った？
えっ
こっつつわ

ボンボン？
ショット？
この後運転するんだろ？
吐き出せよ飲み込むな

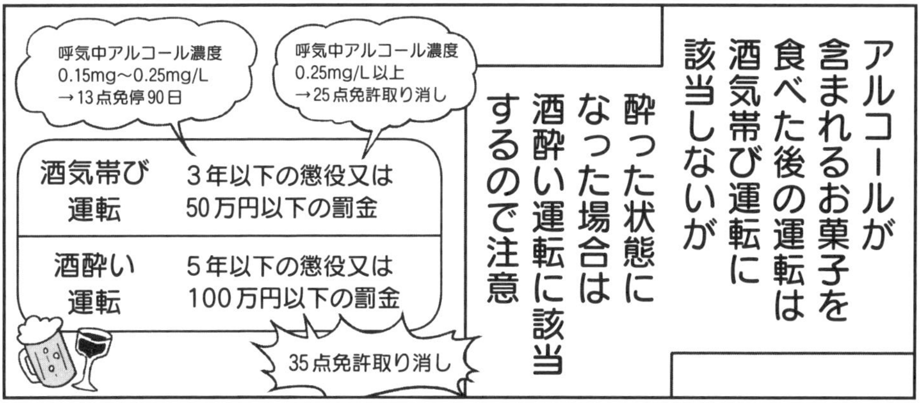
アルコールが含まれるお菓子を食べた後の運転は酒気帯び運転に該当しないが
酔った状態になった場合は酒酔い運転に該当するので注意
呼気中アルコール濃度 0.25mg/L以上 →25点免許取り消し
呼気中アルコール濃度 0.15mg〜0.25mg/L →13点免停90日
酒気帯び運転　3年以下の懲役又は50万円以下の罰金
酒酔い運転　5年以下の懲役又は100万円以下の罰金
35点免許取り消し

※2024年7月現在

確かにやばい職を失う…
………
ゴク…

何やってんだ!!
すみません!!
それもうわざとだろ!? これだから手作り菓子は嫌なんだよ!! どうするんだ!?
…す
水分摂取でアセトアルデヒドの分解を促進させます 幸い弊社は健康増進にも力を入れておりスポドリ飲み放題…！
エタノール
アセトアルデヒド
酢酸

ハ！もっともらしいことを言う
よくある誤解だが
水を飲んだところでアルコールの分解は早くならない
そもそもアルコールっぽいものを摂取した後の運転が駄目
酔っているかそうでないかは関係ない
くど
くど
くど
くど
これはコンプライアンスの問題なんだよ
わかれ
くど
くど
じゃあ一緒に来てください！
運転お願いします!!
ぶしゃあっ
やめろお前!!

ねぇ〜 灰萩先輩も誘おうよ〜
おー！ 誘ってみるか！
失礼しま〜……
ガチャ
!!
……
主任呼んだ方がいいかも
パ
タン
呼んできた
何しているの!!

ちょっとおお!?
THE パワハラ
時代錯誤なことはしないの!!
いやいや誤解してらっしゃる
撫倉は何をしたんだよ
先輩かっこいい…
俺が悪いんです…
状況が全てでしょ!
結局運転してもらった
主任に言われたら従うしかないだろ わかるか?
もう帰るつもりだったのに そもそもあんなもの食べなきゃ良かっ

END

特別エピソード②
「おかえり」

前世の俺
子どもの頃

撫倉蘭
前世の俺の母

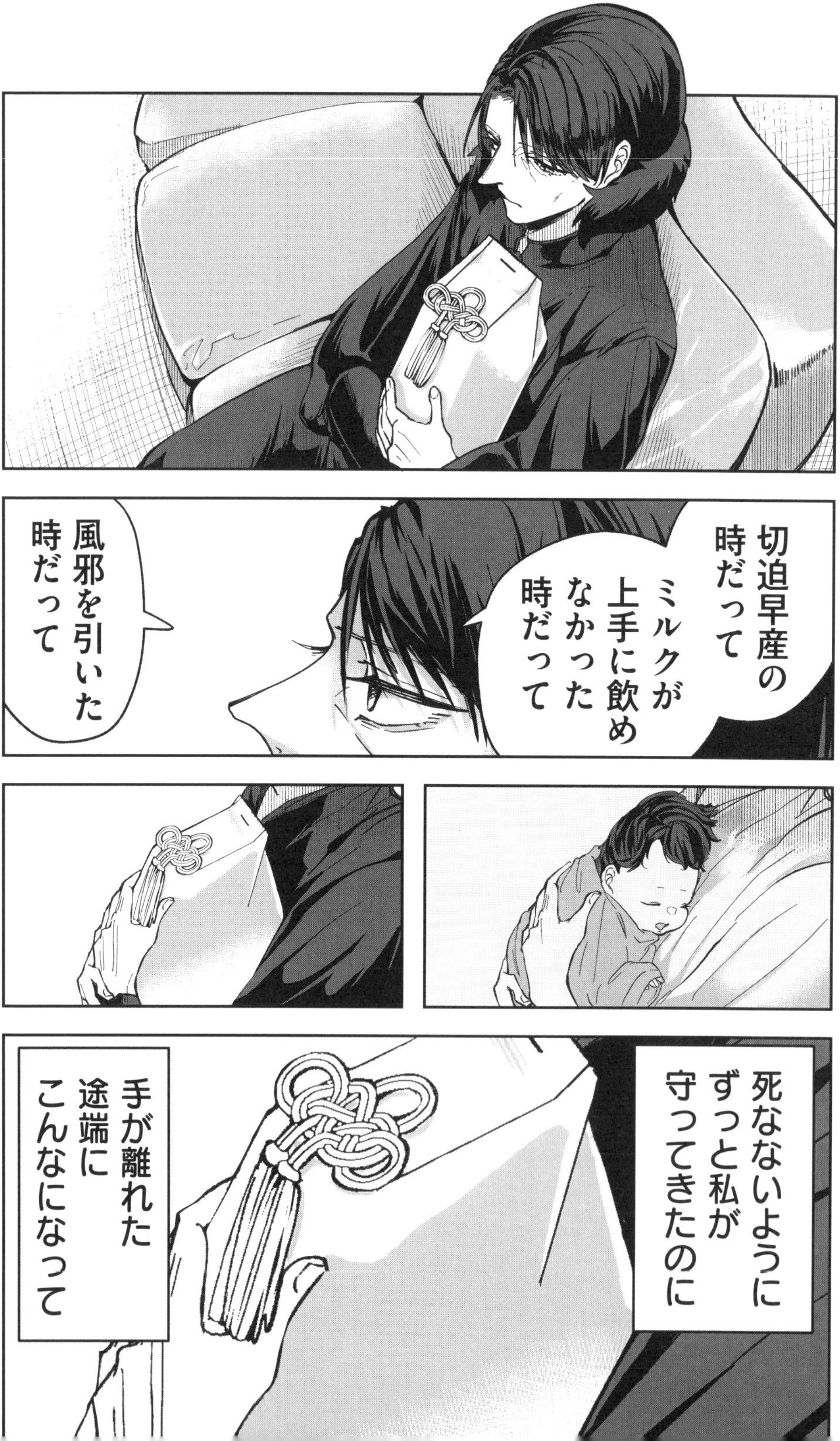
切迫早産の時だって
ミルクが上手に飲めなかった時だって
風邪を引いた時だって
死なないようにずっと私が守ってきたのに
手が離れた途端にこんなになって

ふわふわ
だったのに
かわいかったのに
ひこーき！
本当だ！
あんなに
遠いのに
よく見えるね
ひこーき！
ひこーき！
和史は
飛行機が
好きなんだ
うん！
好き‼

見て！和史
飛行機飛んでるよ
……
だから何？
母さんって昔から飛行機好きだよね
いちいち報告しなくていいってば

俺は別に飛行機なんて
好きじゃないし
小さい頃は何でも理解できたのに
いつの間にかわからなくなっちゃった

END

本編の中で
撫倉 蘭の生い立ちを描くと
脱線してしまうので
この場を借りて補足です。
和史の転生の件もあり
暗い話になり申し訳ありません。
今後は暗くなりません。

ワーカホリック

わこちゃん

あとがき

作者 茶々京色

循環器は学生の頃から苦手だったのですが、
小児に関する漫画なのでいつか先天性心疾患は描かなければと思っていました。
思い返せば連載を開始した頃から職場の先輩や先生方に助言を頂いたり、
参考書を読んだりして、この話に臨みました。
和史くん転生前も含めてエミちゃんパートとの温度差で
私の心が風邪を引きそうでした。
疾患や発達に対する興味へのきっかけになれたら嬉しいです。

監修 Dr.しば

それぞれの成長段階によって、起こりうる子どもの事故の種類は違います。
作中のエミちゃんの成長にあわせて、
読者様も子どもの事故とその予防について知っていただけたら幸いです。
楽しくも勉強になる素敵な漫画の制作に関われて嬉しいです。

SPECIAL THANKS（敬称略）

表紙着彩：藤野コウ（@zino_creation）
コラムゲスト：ツナ看。（@skipjack_tuna_）
制作協力：莎耶佳

赤《あか》ちゃんに転生《てんせい》した話《はなし》③

2024年12月3日　初版発行

漫画／茶々《ちゃちゃ》京《き》色《にろ》

発行者／山下　直久

発行／株式会社KADOKAWA
〒102-8177　東京都千代田区富士見2-13-3
電話0570-002-301（ナビダイヤル）

印刷所／TOPPANクロレ株式会社

製本所／TOPPANクロレ株式会社

●お問い合わせ
https://www.kadokawa.co.jp/（「お問い合わせ」へお進みください）
※内容によっては、お答えできない場合があります。
※サポートは日本国内のみとさせていただきます。
※ Japanese text only

定価はカバーに表示してあります。

ISBN 978-4-04-684159-9　C0095